近代思想圖書館系列
004

馬克思 著

1844年
經濟學哲學手稿

Economic and Philosophical Manuscripts

1

伊海宇◉譯

卡・馬克思寫於1844年4—8月
第一次全文發表在〈馬克思恩格斯全集〉
1932年國際版第1部分第3卷
原文是德文

ISBN 957-13-0188-4

目　錄

出版的構想

郝明義

二十世紀，人類思想從亙古以來的激盪中，在各個領域都迸裂出空前的壯觀與絢爛。其影響所及，不論是強權、戰爭及均勢的交替，抑或經濟、科技與藝術之推陳，水深浪濶，無以復加。思想，把我們帶上了瀕臨毀滅的邊緣，思想，讓我們擁抱了最光明的希望。

回顧這一切，中國人的感慨，應該尤其特別。長期以來，由於客觀條件之貧弱，由於主觀禁忌之設定，我們從沒有機會能夠敞開胸懷，真正呼應這些思想的激動。

《近代思想圖書館》，是爲了消除這些喟嘆而出現的。

我們的信念是：思想，不論它帶給我們對進化過程必然性的肯定，還是平添對未來不可測性的驚懼；不論它呈現的外貌如何狂野，多麼審愼，其本質都是最深沉與執著的靈魂。我們必須開放心胸,來接納。靈魂中沒有這些深沉與執著，人類的歷史無從勾畫。

我們的目的是：以十一個思想領域爲架構，將十九世紀中葉以來，對人類歷史與文明發生關鍵性影響的思想著作，不分禁忌與派別，以圖書館的幅度與深度予以呈現。

我們希望：對過去一百五十年間這些深沉思想與經典著作的認識，不但可以幫助我們澄清過去的混沌，也更能掌握未來的悸動。

在即將進入二十一世紀的前夕，前所未有的開放環境，讓我們珍惜這個機會的終於到來，也警惕這個機會的必須把持。

《1844 年經濟學哲學手稿》導讀

李英明 （政大東亞研究所副教授）

　　對於馬克思《一八四四年經濟學哲學手稿》(以下簡稱「手稿」)，人們最重視的是其中的異化論。因此，一般討論馬克思異化論時，總是集中在馬克思的四個異化命題：勞動者與自己的勞動相異化；勞動者與自己的勞動產品相異化；勞動者與他人相異化；勞動者與「類存在」相異化。事實上，這四個異化命題不只是被馬克思用來描述勞動者在古典資本主義社會中的存在狀態，而且還被用來批判資本家和資本主義社會，因此，這四個命題所包涵的社會批判意義也相當強烈。

　　那麼，接下來我們緊接著要瞭解的是，馬克思是站在什麼樣的判準上透過以上四個命題來批判古典資本主義社會的。馬克思在「手稿」中綜合了黑格爾和費爾巴哈對他思想的影響建構了一套人學體系，從而以此人學體系作為他批判古典資本主義社會的判準。因此，要整體地瞭解馬克思的異化論，必須要有一貫的步驟：首先弄清馬克思與黑格爾、費爾巴哈之間思想的關係，其次說明馬克思的人學體系，再而才可進入馬克思四個異化命題的理解與說明。

　　馬克思在「手稿」中批判繼承了黑格爾與費爾巴哈的歷史主義（帶有辯證法意涵）和自然主義（帶有人本主義意涵），從而提出了一套人學體系（關於人的活生生存在如何可能的論證），而且最主要

將此人學體系奠立在以下四個命題之上：人是自然存有；人是社會存有；人是歷史存有以及人是類存有。上述馬克思的四個異化命題是與這四個人學命題相對應的。而馬克思在討論四個異化命題之後，基本上還更進一步將四個人學命題歸結成為「共產主義」概念。值得注意的是，馬克思在作這樣的轉折歸結的同時，也進行了對當時共產主義理論的批判；另外，馬克思在批判繼承黑格爾和費爾巴哈的思想，提出一套人學體系時，也初步將歷史奠立在人透過勞動對大自然的改造之上，從而為其歷史唯物論找到一個理論建構的基礎。而且，馬克思以四個異化命題來描述、分析和批判古典資本主義社會時，也牽涉到對古典經濟學的批判。因此，總的來說，馬克思的「手稿」的主軸雖是異化論的舖陳，但其所包含的絕不只是異化論，另外還包括了以下幾個重要部份：①對古典經濟學的分析批判；②對當時的共產主義理論的批評；③奠立歷史唯物論的理論基礎；④提出一套哲學人類學。

馬克思在「手稿」中所使用的「異化」概念，雖然是用來指涉描述勞動者存在狀態的語辭，但是它也是一個社會批判意義相當強烈的概念，因此，我們必須將之與勞動概念扣緊起來瞭解。不過，如果我們企圖要將「異化」概念從馬克思整個理論脈絡抽繹出來加以界定的話，似乎可以從兩方面來加以處理：首先我們可以將「異化」視為描述勞動者在古典資本主義社會中無法與自己的勞動和勞動產品整合的生命狀態；其次我們可以將「異化」視為勞動者的勞動和勞動產品向獨立於勞動者之外，並與勞動者相敵對的方向轉化的過程。

馬克思「手稿」中的異化論，最主要是著重分析批判在私有制和因為私有制而延伸出來的僱傭關係的制約下，資本家與工人之間

的剝削與被剝削的社會關係，因此其與馬克思的剩餘價值論之間具有內在連續性，而在說明這種社會關係時，馬克思著重描述勞動者在私有制和僱傭關係籠罩下的生命狀態以及生活處境，不過，在作如此描述時，他不只指出了資本家與勞動者之間的對立性，而且指出這兩者間的對立社會關係，與自由的創造性活動相敵對。

　　關於馬克思異化論在其思想發展過程中如何轉折演變，尤其是與其歷史唯物論和剩餘價值理論的關係如何，是目前有關馬克思思想研究和批判中爭論的焦點之一，而這個問題對於衝擊共黨官方的意識型態曾起了相當大的促進作用；此外，對這個問題的討論一直是西方馬克思主義(Western　Marxism)或新馬克思主義(Neo-Marxism)的理論重點。由於對這個問題的討論牽涉到馬克思思想定位的問題，因此，若從學術的角度來看，是一個相當嚴肅的問題，我們必須以嚴謹的學術態度去面對它。

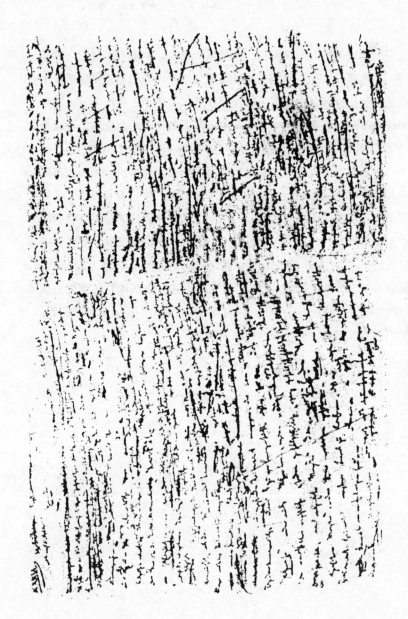

卡‧馬克思《1844年經濟學哲學手稿》序言手稿的第一頁。

[XXXIX] ²

序　言

　　我在《德法年鑑》上曾預告要以**黑格爾**法哲學批判的形式對法學和國家學進行批判 ³。在加工整理準備付印的時候發現，把僅僅針對思辨的批判同針對各種不同材料本身的批判混在一起，十分不妥，這樣會妨礙闡述，增加理解的困難。此外，由於需要探討的題目豐富多樣，只有採用完全是格言式的敍述，才能把全部材料壓縮在**一本**著作中，而這種格言式的敍述又會造成任意製造體系的**外表**。因此，我打算連續用不同的單獨小册子來批判法、道德、政治等等，最後再以一本專著來說明整體的聯繫、各部分的關係並對這一切材料的思辨加工進行批判 ⁴。由於這個理由，在本著作中談到的國民經濟學同國家、法、道德、市民生活等等的關係，只限於國民經濟學本身所專門涉及的範圍。

　　我用不著向熟悉國民經濟學的讀者保證，我的結論是通過完全經驗的以對國民經濟學進行認眞的批判研究爲基礎的分析得出的。

　　//與此相反，不學無術的評論家①則企圖用「**烏托邦的詞句**」，或「完全純粹的、完全決定性的、完全批判的批判」、「不單單是法的，而且是社會的、完全社會的社會」、「密集的大批群衆」、「代大

---

① 指布·鮑威爾。——編者注

批群衆發言的發言人」等等一類空話，來非難實證的批判者，以掩飾自己的極端無知和思想貧乏。這個評論家[5] 還應當首先提供證據，證明他除了神學的家務以外，還有權過問**世俗的**事務。//②

不消說，除了法國和英國的社會主義者的著作以外，我也利用了德國社會主義者的著作[6]。但是德國人在這門科學方面內容豐富而有**獨創性的**著作，除去魏特林的著作以外，就要算《二十一印張》文集中**赫斯**的幾篇論文[7] 和《德法年鑑》上**恩格斯的** **《國民經濟學批判大綱》**[8]；在《德法年鑑》上，我也十分概括地提到過本著作的要點[9]。

//除了這些批判地研究國民經濟學的作家以外，整個實證的批判，從而德國人對國民經濟學的實證的批判，全靠**費爾巴哈**的發現給它打下眞正的基礎。但是，一些人出於狹隘的忌妒，另一些人則出於眞實的憤怒，對費爾巴哈的《**未來哲學**》和《軼文集》中的《**哲學改革綱要**》[10]——儘管這兩部著作被悄悄地利用著——可以說策劃了一個旨在**埋沒**這兩部著作的眞正陰謀。//

只是從**費爾巴哈**才開始了**實證的**、人道主義和自然主義的批判[11]。費爾巴哈的著作越不被宣揚，這些著作的影響就越紮實、深刻、廣泛而持久；費爾巴哈著作是繼黑格爾的《現象學》和《邏輯學》以後包含著眞正理論革命的唯一著作。

同當代**批判的神學家**相反，我認爲，本著作的最後一章，即對**黑格爾的辯證法**和整個哲學的剖析，是完全必要的，因爲 [XL] 這樣的工作還沒有完成——**不徹底性**是必然的，因爲**批判的**神學家畢竟還是**神學家**，就是說，他或者不得不從作爲權威的哲學的一定前

---

② 雙斜線//中的話在手稿中已經劃掉。——編者注

提出發，或者在批判的過程中以及由於別人的發現而對這些哲學前提發生懷疑，於是就怯懦地、不適當地拋棄、撇開這些前提，而且僅僅以一種消極的、無意識的、詭辯的方式來表現他對這些前提的屈從的惱恨。

//他是這樣消極而無意識地表現的：一方面，他不斷反複保證他自己的批判的純粹性，另一方面，爲了使讀者和他自己不去注意批判和它的誕生地——黑格爾的辯證法和整個德國哲學——之間必要的辯論，不去注意現代批判必須克服它自身的局限性和自發性，他反而企圖造成一種假象，似乎批判只同它之外某種狹隘的批判形式（比如說，十八世紀的批判形式）以及同群衆的局限性有關。最後，關於他自己的哲學前提的本質的發現——如費爾巴哈的發現——被作出時，批判的神學家一方面製造一種似乎這些發現正是他自己作出的假象，而且他是這樣來製造這種假象的：他由於不能闡述這些發現的成果，就把這些成果以口號的形式拋給那些還處於束縛下的作家；另一方面，他深信他的水平甚至超過這些發現，就以一種詭秘的、陰險的、懷疑的方式，搬弄黑格爾辯證法諸要素來反對費爾巴哈對黑格爾辯證法的批判。這些要素是他在這種批判中還沒有發現的，它們還沒有以經過批判改造的形式提供給他使用。他自己既不打算也無力使這些要素同批判正確地聯繫起來，他只是神秘地以黑格爾辯證法所固有的形式搬弄這些要素。例如，他提出間接證明這一範疇來反對從自身開始的實證眞理這一範疇。神學的批判家認爲，從哲學方面應當作出一切來使他能夠侈談純粹性、決定性以及完全批判的批判，是十分自然的；而當他感覺到例如黑格爾的某一因素爲費爾巴哈缺少時，——因爲，神學的批判家並沒有超出感覺而達到意識，儘管他如此沉湎於對「自我意識」和「精神」

的唯靈論的偶像崇拜，──他就自詡爲眞正**克服哲學的人**。//

　　仔細考察起來，在運動之初曾是一個眞正進行因素的**神學的批判**，歸根到底不外是舊**哲學**、特別是**黑格爾的超驗性**被歪曲爲**神學漫畫**的頂點和結果。歷史現在仍然指派神學這個歷來的哲學的潰爛區去顯示哲學的消極分解，即哲學的腐性分化過程。關於這個饒有興味的歷史的判決，這個歷史的涅墨西斯①，我將在另一個地方加以詳細的論證 12。

　　//相反，**費爾巴哈**的關於哲學的本質的發現，究竟在什麼程度上仍然──至少爲了**證明**這些發現──使得對哲學辯證法的批判分析成爲必要，讀者從我的論述本身就可以看清楚。//　[XL]

---

① 涅墨西斯是古希臘神話中的報復女神。──譯者注

[第一手稿] ¹³

工　資

[I] **工資**決定於資本家和工人之間的敵對的鬥爭。勝利必定屬於資本家。資本家沒有工人能比工人沒有資本家活得長久。資本家的聯合是很通常而卓有成效的，工人的聯合則遭到禁止並會給他們招來惡果。此外，土地所有者和資本家可以把產業收益加進自己的收入，而工人除了勞動所得既無地租，也無資本利息。所以，工人之間的競爭是很激烈的。從而，資本、地產和勞動三者的分離，只有對工人說來才是必然的、本質的、有害的分離。資本和地產無須停留於這種分離，而工人的勞動則不能擺脫這種分離。

因而，資本、地租和勞動三者的分離對工人說來是致命的。

最低的和唯一必要的工資額就是工人在勞動期間的生活費用，再加上使工人能夠養家活口並使工人種族不致死絕的費用。按照斯密的意見，通常的工資就是同「普通人」¹⁴即畜類的生活水平相適應的最低工資。

對人的需求必然調節人的生產，正如其他任何商品生產的情況一樣。如果供給大大超過需求，那麼一部分工人就要淪為乞丐或者餓死。因而工人的生存被歸結為其他任何商品的存在條件。工人成了商品，如果他能找到買主，那就是他的幸運了。工人的生活取決於需求，而需求取決於富人和資本家的興致。如果供給的量超過需

求，那麼價格構成部分（利潤、地租、工資）之一就會低於**價格**而支付，結果，價格構成的一部分就會脫離這種應用，從而市場價格也就向作爲中心點的自然價格靠近。但是，第一，在分工大大發展的情況下，工人要把自己的勞動轉用於其他方面是極爲困難的；第二，在工人從屬於資本家的情況下，吃虧的首先是工人。

因此，當市場價格向自然價格靠近時，工人無條件地要遭到最大的損失。正是資本家把自己的資本轉用於其他方面的這種能力，才使得束縛於一定勞動部門的工人失去麵包，或者不得不屈服於這個資本家的一切要求。

[II] 市場價格的偶然的和突然的波動，對地租的影響比對分解爲利潤和工資的價格部分的影響小；而對利潤的影響又比對工資的影響小。一般情況是，有的地方工資提高，有的地方工資保持**不變**，有的地方工資在**降低**。

當資本家贏利時工人不一定得到好處，而當資本家虧損時工人就一定跟著吃虧。例如，當資本家由於製造秘密或商業秘密，由於壟斷或自己地段的位置有利而使市場價格保持在自然價格以上的時候，工人也得不到任何好處。

其次，**勞動價格要比生活資料的價格遠爲穩定。**二者往往成反比。在物價騰貴的年代，工資因對勞動的需求下降而下降，因生活資料價格提高而提高。這樣，二者互相抵銷。無論如何，總有一定數量的工人沒有飯吃。在物價便宜的年代，工資因對勞動的需求提高而提高，因生活資料價格下降而下降。這樣，二者互相抵銷。

工人還有一個不利的方面：

不同行業的工人的勞動價格的差別，比不同投資部門的利潤的差別要大得多。在勞動時，個人活動的全部自然的、精神的和社會

的差別表現出來，因而所得的報酬也各不相同，而死的資本總是邁著同樣的步子，根本不在乎**實際的**個人活動如何。

總之，應當看到，工人和資本家同樣在苦惱時，工人是爲他的生存而苦惱，資本家則是爲他的死錢財的贏利而苦惱。

工人不僅要爲物質的生活資料而鬥爭，而且要爲謀求工作，即爲謀求實現自己的活動的可能性和手段而鬥爭。

我們且舉社會可能所處的三種主要狀態，並且考察一下工人在其中的地位。

(1)如果社會財富處於衰落狀態，那麼工人所受的痛苦最大。因爲，即使在社會的幸福狀態中工人階級也不可能取得像所有者階級所取得的那麼多好處，「**沒有一個階級像工人階級那樣因社會財富的衰落而遭受深重的苦難**」15。

[III](2)現在且拿財富正在增進的社會來看。這是對工人唯一有利的狀態。這裡資本家之間展開競爭。對工人的需求超過了工人的供給。

但是，**第一**，工資的提高引起工人的**過度勞動**。他們越想多掙幾個錢，他們就越不得不犧牲自己的時間，並且完全放棄一切自由來替貪婪者從事奴隸勞動。這就縮短了工人的壽命。工人壽命的縮短對整個工人階級是一個有利狀況，因爲這樣就必然會不斷產生對勞動的新需求，這個階級始終不得不犧牲自己的一部分，以避免同歸於盡。

其次，社會在什麼時候才會處於財富日益增進的狀態呢？那就是在一國的資本和收入增長的時候。但是，這只有由於下述情況才可能：

(α)大量勞動積累起來，因爲資本是積累的勞動；就是說，工

人的勞動產品越來越多地從他手中被剝奪了，工人自己的勞動越來越作爲別人的財產同他相對立，而他的生存資料和活動資料越來越多地集中在資本家的手中。

（β）資本的積累擴大分工，而分工則增加工人的人數；反過來，工人人數的增加擴大分工，而分工又增加資本的積累。一方面隨著分工的擴大，另一方面隨著資本的積累，工人日益完全依賴於勞動，依賴於一定的、極其片面的、機器般的勞動。隨著工人在精神上和肉體上被貶低爲機器，隨著人變成抽象的活動和胃，工人越來越依賴於市場價格的一切波動，依賴於資本的運用和富人的興致。同時，由於單靠勞動爲生者階級的人數增加。[IV] 工人之間的競爭加劇了，因而他們的價格也降低了。在工廠制度下，工人的這種狀況達到了頂點。

（γ）在福利增長的社會中，只有最富有的人才能靠貨幣利息生活。其餘的人都不得不用自己的資本經營某種行業，或者把自己的資本投入商業。這樣一來，資本家之間的競爭就會加劇，資本的積聚就會增強，大資本家使小資本家陷於破產，一部分先前的資本家就淪爲工人階級，而工人階級則由於這種增加，部分地又要經受工資降低之苦，同時更加依賴於少數大資本家。資本家由於人數減少，他們爲爭奪工人而進行的競爭幾乎不再存在；而工人由於人數增加，彼此間的競爭變得越來越激烈、反常和帶有強制性。因此，工人等級中的一部分人必然陷於行乞或餓死的境地，正像一部分中等資本家必然淪爲工人等級一樣。

由此可見，即使在對工人最有利的社會狀態中，工人的結局也必然是：勞動過度和早死，淪爲機器，淪爲資本家的奴隸（資本的積累作爲某種有危險的東西而與他相對立），發生新的競爭以及一部

分工人餓死或行乞。

[V] 工資的提高在工人身上引起資本家般的發財欲望，但是工人只有犧牲自己的精神和肉體才能滿足這種欲望。工資的提高以資本的積累爲前提並且導致資本的積累；因而勞動產品越來越作爲某種異己的東西與工人相對立。同樣，分工使工人越來越片面化和從屬化；分工不僅導致人的競爭，而且導致機器的競爭。因爲工人被貶低爲機器，所以機器就能作爲競爭者與他相對抗。最後，正像資本的積累增加工業的數量，從而增加工人的數量一樣，由於這種積累，同一數量的工業生產出**更大量的產品**；於是發生生產過剩，而結果不是有很大一部分工人失業，就是工人的工資下降到極其可憐的最低限度。

這就是對工人最有利的社會狀態，即財富**正在增長、增進的**狀態所產生的後果。

然而，這種正在增長的狀態終究有一天要達到自己的頂點。那時工人的處境會怎樣呢？

(3)「在財富已經達到它可能達到的頂點的國家，工資和資本利息二者都會極低。工人之間爲就業而進行的競爭如此激烈，以致工資縮減到僅夠維持現有工人人數的程度，而國家的人口這時已達到飽和，所以這個人數不能再增加了。」**16**

超過這個人數的部分注定會死亡。

因此，在社會的衰落狀態中，工人的貧困日益加劇；在財富增進的狀態中，工人的貧困具有錯綜複雜的形式；在達到繁榮頂點的狀態中，工人的貧困持續不變。

[VI] 但是，既然按照斯密的意見，大多數人遭受痛苦的社會是

不幸福的，旣然社會的最富裕的狀態會造成大多數人的這種痛苦，而國民經濟學（一般是私人利益占統治地位的社會）又會導致這種最富裕的狀態，那麼國民經濟學的目的也就在於社會的**不幸**。

關於工人和資本家之間的關係還應指出，工資的提高對資本家說來，可以由勞動時間總量的減少而綽綽有餘地得到補償；工資的提高和資本利息的提高會像單利和複利17那樣影響商品的價格。

現在讓我們完全站在國民經濟學家的立場上，並且仿效他把工人的理論要求和實踐要求比較一下。

國民經濟學家對我們說，勞動的**全部產品**，本來屬於工人，並且按照理論也是如此。但是他同時又對我們說，實際上工人得到的是產品中最小的、沒有就不行的部分，也就是說，只得到他不是作爲人而是作爲工人生存所必要的那一部分以及不是爲繁衍人類而是爲繁衍工人這個奴隸階級所必要的那一部分。

國民經濟學家對我們說，一切東西都可用勞動來購買，而資本無非是積累的勞動；但是同時他又對我們說，工人不但遠不能購買一切東西，而且不得不出賣自己和自己的人的尊嚴。

懶惰的土地所有者的地租大都占土地產品的三分之一，忙碌的資本家的利潤甚至兩倍於貨幣利息，而剩餘部分即工人在最好的情況下掙得的部分，只有這麼多：如果他有四個孩子，其中兩個必定要餓死。

[VII] 18按照國民經濟學家的意見，勞動是人用來增大自然產品的價值的唯一東西，勞動是人的能動的財產；而根據同一國民經濟學，土地所有者和資本家（他們作爲土地所有者和資本家不過是有特權的閒散的神仙）處處高踞於工人之上，並對工人發號施令。

按照國民經濟學家的意見，勞動是唯一不變的物價；可是再沒

有什麼比勞動價格更具有偶然性、更受波動的了。

分工提高勞動的生產力，增進社會的財富，促使社會日益精致，同時却使工人陷於貧困並變爲機器。勞動促進資本的積累，從而也促進社會福利的增長，同時却使工人越來越依附於資本家，引起工人間更劇烈的競爭，使工人捲入生產過剩的瘋狂競賽中去；而跟著生產過剩而來的是同樣急劇的生產衰落。

按照國民經濟學家的意見，工人的利益從來不同社會的利益相對立，而社會却總是必然地同工人的利益相對立。

按照國民經濟學家的意見，工人的利益從來不同社會的利益相對立，(1)因爲工資的提高可以由勞動時間量的減少和上述其他後果而綽綽有餘地得到補償；(2)因爲對社會來說全部總產品就是純產品，而區分純產品對私人來說才有意義。

勞動本身，不僅在目前的條件下，而且一般只要它的目的僅僅在於增加財富，它就是有害的、造孽的，這是從國民經濟學家的闡發中得出的結論，儘管他並不知道這一點。

———

按照理論，地租和資本利潤是工資的**扣除**。但是在現實中，工資却是土地和資本讓給工人的一種扣除，是從勞動產品中給工人、勞動所打的回扣。

在社會的衰落狀態中，工人遭受的痛苦最深重。他遭受特別沉重的壓迫是由於自己所處的工人地位，但他遭受壓迫則由於社會狀況。

而在社會財富增進的狀態中，工人的淪落和貧困化是他的勞動的產物和他生產的財富的產物。就是說，貧困從現代勞動本身的**本質**中產生出來。

　　社會的最富裕狀態，這個大致還是可以實現並且至少是作爲國民經濟學和市民社會的目的的理想，對工人說來却是**持續不變的貧困**。

　　不言而喻，國民經濟學把**無產者**，即既無資本又無地租，只靠勞動而且是片面的、抽象的勞動爲生的人，僅僅當作**工人**來考察，因此，它才會提出這樣一個論點：工人完全和一匹馬一樣，只應得到維持勞動所必需的東西。國民經濟學不考察不勞動時的工人，不把工人作爲人來考察；它把這種考察交給刑事司法、醫生、宗敎、統計表、政治和乞丐管理人去做。

　　現在讓我們超出國民經濟學的水平，試以前面幾乎是用國民經濟學家的原話所作的論述中來回答以下兩個問題：

　　(1)把人類的最大部分歸結爲抽象勞動，這在人類發展中具有什麼意義？

　　(2)主張細小改革的人不是希望**提高**工資並以此來改善工人階級的狀況就是（像蒲魯東那樣）把工資的**平等**看作社會革命的目標，他們究竟犯了什麼錯誤？

　　勞動在國民經濟學中僅僅以**謀生活動**的形式出現。

———

　　[VIII]「可以肯定地說，那些要求特殊才能或較長期預備訓練的職業，總的來說已變得較能掙錢；而任何人都可以很容易很快學會的那種機械而單調的活動的相應工資，則隨著競爭而降低並且不得不降低。但正是這類勞動在勞動組織的現狀下最爲普遍。因此，如果說第一類工人現在所掙得的是五十年前的七倍，而第二類工人所掙得的和五十年前一樣，那麼二者所掙得的**平均起來**當然是以前的四倍。但是，如果在一個國家裡，從事第一類勞動的只有一千人，而從事第二類勞動的有一百萬人，那麼就有 999000 人並不比五十年前生活得

好，如果生活必須品的價格同時上漲，那麼他們會比以前生活得**更壞**。而人們却想用這種膚淺的**平均計算**，在關係到居民人數最多的階級的問題上欺騙自己。此外，**工資多少只是估計工人收入**的因素之一，因爲對衡量收入來說更重要的是要把他們獲得收入的有保障的**持續性**估計進去。但是在波動和停滯不斷出現的所謂自由競爭的無政府狀態下，是根本談不到這種持續性的。最後，還應注意過去和現在的通常**勞動時間**。最近二十五年來，也正是從棉紡織業採用節省勞動的機器以來，這個部門的英國工人的勞動時間已由於企業主追逐暴利 [IX] 而增加到每日十二至十六小時，而在到處還存在著富人無限制地剝削窮人的公議權利的情況下，一國和一個工業部門的勞動時間的延長必然也或多或少地影響到其他地方。」（舒耳茨《生產運動》**19**第 65 頁）

「然而，即使所謂社會**一切**階級的平均收入都增長這種不眞實的情況屬實，一種收入同另一種收入的區別和**相對的**差距仍然可能擴大，從而貧富間的對立也可能更加尖銳。因爲正是**由於**生產總量的增長，並且隨著生產總量的增長，需要、欲望和要求也提高了，於是**絕對的**貧困減少，而**相對的**貧困可能增加。靠鯨油和腐魚爲生的薩莫耶特人並不窮，因爲在他們那種與世隔絕的社會裡一切人都有同樣的需要。但是在一個**前進著的國家**，生產總量在大約十年內與人口相比增加了三分之一，而工人掙得的工資仍和十年前一樣多，他們不但不能保持過去的福利水平，而且比過去窮三分之一。」（同上，第 65-66 頁）

但是，國民經濟學把工人只當作勞動的動物，當作僅僅有最必要的肉體需要的牲畜。

「國民要想在精神方面更自由地發展，就不應該再當自己的肉體需要的奴隸，自己的肉體的奴僕。因此，他們首先必須有**能夠**進行精神創造和精神享受的**時間**。勞動組織方面的進步會贏得這種時間。的確，今天由於有了新的動力和完善的機器，棉紡織廠的一個工人往往可以完成早先 100 甚至 250-350 個工人的工作。在一切生產部門中都有類似的結果，因爲外部自然力日益被用來加入[X]人類勞動。如果說爲了滿足一定量的物質需要必需耗費的時間和人力比現在比過去減少了一半，那麼，與此同時，在不損害物質福利的情況下，給精神創造和精神享受提供的餘暇也就增加一倍。但是，在我們甚至從老克倫納士自己領域中奪得的虜獲物的分配方面，仍然取決於像擲骰子那樣的盲目的、不

公正的偶然性。法國有人計算過，在目前生產狀況下，每個有勞動能力的人平均每日勞動五小時，就足以滿足社會的一切物質利益……儘管因機器改進而節省了時間，工廠中奴隸勞動的時間對多數居民說來却有增無已。」(同上，第 67-68 頁)

「從複雜的手工勞動過渡，首先要將這種手工勞動分解爲簡單的操作。但是，最初只有**一部分**單調的重複的操作由機器來承擔，而另一部分由人來承擔。根據事物的本性和一致的經驗，可以說這種連續的單調的活動無論對於精神還是對於肉體都同樣有害。因此，在機器工作同較大量人手間的簡單分工相**結合**的狀況下，這種分工的一切弊病也必然要表現出來。工廠工人的死亡率較高尤其表明了這種分工的弊病……[XI] 人們**藉助於**機器來勞動和人們**作爲**機器來勞動，這兩者之間的巨大差別……並没有受到人們的注意。」(同上，第 69 頁)

「但是在各國人民未來的生活裡，通過機器起作用的盲目的自然力，將成爲我們的奴隸和奴僕。」(同上，第 74 頁)

「在英國的紡紗廠中就業的只有 158818 個男工和 196818 個女工。朗卡斯特郡的棉紡織廠每有 100 個男工就有 103 個女工，而在蘇格蘭甚至達到 209 個。在英國里子的麻紡織廠中每 100 個男工就有 147 個女工；在丹第和蘇格蘭東海岸甚至達到 280 個。在英國的絲織廠中有很多女工；在需要較強體力的毛紡織廠中主要是男工。1833 年在北美的棉紡織廠中就業的，除了 18593 個男工以外，至少有 38927 個女工。可見，由於勞動組織的改變，婦女就業的範圍已經擴大……婦女在經濟上有了比較獨立的地位……男性和女性在社會關係方面互相接近了。」(同上，第 71-72 頁)

「1835 年，在擁有蒸汽動力和水力動力的英國紡紗廠中勞動的有 8-12 歲的兒童 20558 人，12-13 歲的兒童 35867 人，13-18 歲的兒童 108208 人……當然，機械的進一步改進使人日益擺脫單調勞動操作，促使這種弊病逐漸 [XII] 消除。但是，資本家能夠最容易最便宜地占有下層階級以至兒童的勞動力，以便使用和消耗這種勞動力來**代替**機械手段，正是這種情況妨礙機械的迅速進步。」(舒耳茨《生產運動》第 70-71 頁)

「布魯姆勛爵向工人大聲疾呼：『做資本家吧！』……不幸的是，千百萬人只有通過糟蹋身體、損害道德和智力的緊張勞動，才能掙錢勉強養活自己，而且他們甚至不得不把找到**這樣一種**工作的不幸看作是一種幸運。」(同上，第 60 頁)

「於是，爲了生活，一無所有者不得不直接地或間接地替有產者**效勞**，也

就是説，要受他們的擺布。」（見魁爾《社會經濟的新理論》20 第 409 頁）

「佣人——月錢；工人——工資；職員——薪金或報酬。」（同上，第 409-410 頁）

「出租自己的勞動」，「出借自己的勞動換取利息」，「代替別人勞動」。

「出租勞動材料」，「出借勞動材料換取利息」，「讓別人代表自己勞動」。（同上，[第 411 頁]）

[XIII]「這種經濟結構注定人們去幹如此低賤的職業，遭受如此淒慘淪落之苦，以致野蠻狀態與之相比似乎也是王公的生活了。」（同上，第 417-418 頁）

「一無所有者以各種各樣的形式賣淫。」（同上，第 421-[422] 頁）揀破爛者。

查‧勞頓在《人口等問題的解決辦法》21（1842 年巴黎版）一書中估計英國賣淫者的數目有 6-7 萬人。「品德可疑的婦女」也有那麼大的數目。（第 228 頁）

「這些不幸的馬路天使的平均壽命，從她們走上淫蕩的生活道路算起，大約是 6-7 年。因此，要使賣淫者保持 6-7 萬這個數目，在聯合王國每年至少要 8-9 千名婦女爲這個淫穢的職業獻身，也就是說，每天大約要有 24 名新的犧牲者，或者每小時平均要有**一名**新的犧牲者；如果這個比例適用於整個地球，那麼這種不幸者的人數勢必經常有 150 萬人。」（同上，第 229 頁）

「貧困的人口隨著貧困的增長而增長；最大量的人在極端貧困的狀態下掙扎，彼此爭奪著受苦受難的權利……1821 年愛爾蘭的人口是 6801827 人。1831年增加到 7764010 人，也就是說，在十年中間增加了 14%。在最富裕的倫斯特省，人口只增加 8%，而在最貧困的康諾特省，人口反而增加 21%（《在英格蘭公布的關於愛爾蘭的統計調查摘要》，1840 年維也納版）。」（畢萊《論貧困》22第 1 卷第 [36]-37 頁）

國民經濟學把勞動抽象地看作物；「勞動是商品」；價格高，就意味著對商品的需求很大；價格低，就意味著商品的供給很多；「勞動作爲商品，其價格必然日益降低」；這種情況之所以必然發生，一

部分是由於資本家和工人之間的競爭，一部分是由於工人之間的競爭。

　　「出賣勞動的工人人口，不得不滿足於產品的最微小的一分……關於勞動是商品的理論，難道不是僞裝起來的奴隸制的理論嗎?」(同上，第 43 頁)「爲什麼人們把勞動只看成交換價値呢?」(同上，第 44 頁)「大企業寧可購買婦女和兒童的勞動，因爲這種勞動比男子的勞動便宜。」(同上)「工人在雇用他的人面前不是處於**自由的賣者**地位……資本家總是自由雇用勞動，而工人總是被迫出賣勞動。如果勞動不是一瞬間都在出賣，那麼它的價値就會完全消失。與眞正的商品不同，勞動旣不能積累，也不能儲蓄。[XIV]勞動就是生命，而生命如果不是每天用食物進行新陳代謝，就會衰弱並很快死亡。爲了使人的生命成爲商品，也就必須容許奴隸制。」(同上，第 49-50 頁)

　　可見，如果勞動是商品，那麼它就是一種具有最不幸的特性的商品。然而，甚至根據國民經濟學的基本原理，勞動也不是商品，因爲它不是**「自由交易的自由結果」**。(同上，第 50 頁) 現存的經濟制度。

　　「旣降低了勞動的價格，同時也降低了勞動的報酬；它造就了工人，却貶低了人」。(同上，第 52-53 頁)「工業成了戰爭，而商業成了賭博。」(同上，第 62 頁)
　　「單是加工棉花的機器 (在英國) 就完成 8400 萬手工勞動者的工作。」(同上，第 193 頁，注)
　　工業直到現在還處於掠奪戰爭的狀態:

　　「它像大征服者那樣冷酷無情地浪費那些構成它的軍隊的人的生命。它的目的是占有財富，而不是人的幸福」。(畢萊，同上，第 20 頁)「這種利益〈即經濟利益〉①如果聽之任之……就必然要互相衝突；它們除了戰爭再無其他仲

①　本書引文中尖括號 〈　〉內的話是馬克思加的。──編者注

裁者，戰爭的判決就是使一些人失敗和死亡，使另一些人獲得勝利……科學在
對抗力量的衝突中尋求秩序和平衡：按照科學的意見 **:連綿不斷的戰爭**是獲
得和平的唯一方法；這種戰爭就叫作競爭。」（同上，第23頁）

　　「爲了卓有成效地進行這場工業戰爭，需要有人數衆多的軍隊，這種軍隊
能調集到一個地點，不惜犧牲地投入戰鬥。這種軍隊的士兵所以能忍受強加在
他們身上的重擔，既不是出於忠誠，也不是由於義務；只不過爲了逃避那必不
可免的飢餓威脅。他們對自己的長官既不愛戴，也不感恩。長官對自己的部下
沒有任何好意。在他們眼中，這些部下不是人，僅僅是以盡可能少的花費帶來
盡可能多的收入的生產工具。這些日益密集的工人群衆甚至沒有信心會有人經
常雇用他們；把他們集合起來的工業只在它需要他們的時候才讓他們活下
去；而一旦能夠撇開他們，它就毫不躊躇地拋棄他們；於是工人不得不按照人
家同意的價格出賣自己的人身和力氣。加在他們身上的勞動，時間越長，越令
人痛苦和厭惡，他們所得的報酬也就越少；可以看到有些工人每天連續緊張勞
動十六小時，才勉強買到不致餓死的權利。」（同上，第［68］-69頁）

　　［XV］「我們確信——那些調查手工織布工的狀況的委員們也會相信
——大工業城市如果不是時時刻刻都有健康人、新鮮的血液不斷從鄰近農村流
入，那就會在短期内失去自己的勞動人口。」（同上，第362頁）

資本的利潤

一　資　本

[I] (1)**資本**，即對他人勞動產品的私有權，是建立在什麼基礎上的呢？

「如果資本本身並非來源於盜竊和詐騙，那麼，爲了使繼承神聖化，仍然需要有立法的協助。」（薩伊，第1卷第136頁，注）**23**

人怎樣成爲生產基金的所有者？他怎樣成爲用這些生產基金生產出來的產品的所有者？

根據**成文法**。（薩伊，第2卷第4頁）

人們依靠資本，例如，依靠大宗財產的繼承，可以得到什麼？

「繼承了大宗財產的人不一定因此直接得到政治權力。財富直接提供給他的權力無非是**購買的權力**，這是一種支配當時市場上擁有的一切他人勞動或者說他人勞動的一切產品的權力。」（斯密，第1卷第16頁）

因此，資本是對勞動及其產品的**支配權**。資本家擁有這種權力並不是由於他的個人的或人的特性，而只是由於他是資本的**所有者**。他的權力就是他的資本的那種不可抗拒的**購買**的權力。

下面我們首先將看到，資本家怎樣利用資本來行使他對勞動的支配權，然後將看到資本的支配權怎樣支配著資本家本身。

什麼是資本？

「一定量的**積累的**和儲存的**勞動**。」（斯密，第 2 卷第 312 頁）

資本就是**積累的勞動**。

(2)**基金**，資金是土地產品和工業勞動產品的任何積累。資金只有當它給自己的所有者帶來收入或利潤的時候，才叫作**資本**。(斯密，第 2 卷第 191 頁) **24**

二　資本的利潤

「**資本的利潤**或**贏利**與**工資**完全不同。二者的差別表現在兩個方面：首先，資本的利潤完全決定於所使用的資本的價值，儘管監督和管理的勞動在不同的資本之下可能是一樣的。其次，在大工廠，這方面的勞動完全委託給一個主管人，這個主管人的薪金同由他監督如何使用的 [II] 資本並不保持一定的比例。」儘管這裡的資本所有者的勞動幾乎等於零，他仍然要求利潤和他的資本保持一定的比例。(斯密，第 1 卷第 97—99 頁)

為什麼資本家要求利潤和資本之間保持這種比例呢？

「如果資本家從出賣工人生產的產品中，除了用於補償」他預付在工資上的「基金所必需的數額以外，不指望再多得一個餘額，他就不會有**興趣**雇用這些工人了」；同樣，如果他的利潤不同所使用的資本的量成一定的比例，他就不會有**興趣**使用較大的資本來代替較小的資本。(斯密，第 1 卷第 96—97 頁)

因此，資本家賺得的利潤首先同工資成比例，其次同預付的原料成比例。

那麼，利潤和資本的比例是怎樣的呢？

如果说確定一定地點和一定時間的通常的、平均的工資額已經很困難，那麼確定資本的利潤就更困難了。資本所經營的那些商品的價格的變化，資本的競爭者和顧客的運氣好壞，商品在運輸中或在倉庫中可能遇到的許許多多意外事故，——這一切都造成利潤天天變動，甚至是時刻變動。(斯密，第 1 卷第 179—180 頁) 儘管精確地確定資本利潤的數額是不可能的，但是根據**貨幣利息**仍可大略知道這個數額。如果使用貨幣可以得到的利潤多，那麼爲使用貨幣所付出的利息就多；如果使用貨幣得到的利潤少，那麼付出的利息也少。(斯密，第 1 卷第 181 頁)「通常的利息率和純利潤率之間應當保持的比例，必然隨著利潤的高低而變化。在英國，人們認爲，相當雙倍利息的利潤就是商人所稱的**正當的、適度的、合理的利潤**；這些説法無非就是指**通常的普通的利潤**。」(斯密，第 1 卷第 198 頁)

什麼是**最低的**利潤率呢？什麼是**最高的**利潤率呢？

「資本的**最低的**普通利潤**率**，除了足以補償資本在各種使用中遇到的意外損失，必須始終**有些剩餘**。只有這種剩餘才是純利潤或淨利潤。」最低利率的情況也是如此。(斯密，第 1 卷第 196 頁)

[III]「**最高的**普通利潤**率**可能是這樣的，它吞没大多數商品的價格中**地租的全部**，並且使供應的商品中所包含的工資降到**最低價格**，即只夠維持工人在勞動期間的生活的價格。在工人被雇用從事勞動時，人們總得設法養活他們；地租却可以完全不付。」例如，在孟加拉的東印度貿易公司的經理們。(斯密，第 1 卷第 [197] —198 頁)

資本家除了在這種情況下可以**利用**微小競爭的一切好處之外，還能用堂堂正正的方式把市場價格保持在自然價格之上：

首先，如果那些在市場上銷售商品的人離市場很遠，就利用**商業秘密**；這就是説，對價格變動即價格高於自然價格保密。這種保密，可以使其他資本家不致把自己的資本投到這個部門來。

其次，利用**製造業秘密**；這種秘密使資本家可以用較少的生產費用按照同

樣的價格甚至比競爭者低的價格供應商品，從而獲得較多的利潤。——（以保密來欺騙不是不道德嗎？交易所的交易。）——**再次**，把生產限制在特定的地點（例如，名貴的葡萄酒），以致**有效的需求**永遠不能得到滿足。**最後**，利用個別人和公司的**壟斷**。壟斷價格是可能達到的最高價格。（斯密，第1卷第120—124頁）

可能提高資本利潤的另一些偶然的原因：

新領土的獲得或新行業的出現甚至在富國也往往可以提高資本利潤，因爲它們可以從舊行業抽走一部分資本，緩和競爭，減少市場的商品供應，從而促使這些商品的價格提高；在這種情況下，這些商品的經營者就能夠對貸款支付較高的利息。（斯密，第1卷第190頁）

「商品加工越多，商品越變成加工對象，商品價格中分解爲工資和利潤的部分就比分解爲地租的部分增長得越大。隨著商品加工的進展，不僅利潤的數目增大了，而且每個後來的利潤總比先前的利潤大，因爲產生利潤的資本[IV]必然越來越大。雇用織工的資本必然大於雇用紡工的資本，因爲前一種資本，不僅要補償後一種資本和利潤，而且要支付織工的工資，而利潤必定總是同資本保持一定的比例的。」（第1卷第102—103頁）

由此可見，在對自然產品加工和再加工時人的勞動的增加，不是使工資增加，而是一方面使獲利資本的數額增大，另一方面使每個後來的資本比先前的資本大。

關於資本家從分工中得到的好處，後面再講。

資本家得到雙重的好處：第一，從分工；第二，從一般加在自然產品上的人的勞動的增長。人加進商品的份額越大，死資本的利潤就越大。

「在同一社會，與不同工種的工資相比，資本的平均利潤率更接近於同一水平。」（第1卷第228頁）「各種不同用途的資本的普通利潤率隨著收回資本的

可靠性的大小而不同。利潤率隨著風險增大而提高，儘管二者並不完全成比例。」（同上，［第226—227頁]）

不言而喻，資本利潤還由於流通手段（例如，紙幣）的簡便或低廉而增長。

三　資本對勞動的統治和資本家的動機

「追逐私人利潤是資本所有者決定把資本投入農業還是投入工業，投入批發商業的某一部門還是投入零售商業的某一部門的唯一動機。至於資本的哪一種用途能推動多少**生產勞動**，［V]或者會使他的國家的土地和勞動的年產品增加多少價值，他是從來不會想到去計算的。」（斯密，第2卷第400—401頁）

「對資本家說來，資本的最有利的使用，就是在同樣風險的條件下給他帶來最大利潤的使用。這種使用對社會說來並不總是最有利的。最有利的資本使用就是用於從自然生產力中取得好處。」（薩伊，第2卷第130—131頁）

「最重要的勞動操作是按照投資者的規劃和盤算來調節和指揮的。而投資者所有這些規劃和操作的目的就是**利潤**。然而，利潤率不像地租和工資那樣，隨社會的繁榮而上升，隨社會的衰退而下降。相反地，利潤率很自然在富國低，在窮國高，而在最迅速地走向沒落的國家中最高。因此，這一階級的利益不像其他兩個階級的利益那樣與社會的一般利益聯繫在一起……經營某一特殊商業部門或工業部門的人的特殊利益，在某一方面總是和公眾利益不同，甚至常常同它相敵對。商人的利益始終在於擴大市場和限制賣者的競爭……這是這樣一些人的階級，他們的利益決不會同社會利益完全一致，他們的利益一般在於欺騙和壓迫公眾。」（斯密，第2卷第163—165頁）

四　資本的積累和資本家之間的競爭

資本的增加使工資提高，但由於資本家之間的**競爭**又有使資本家利潤減少的趨向。（斯密，第 1 卷第 179 頁）

「例如，一個城市的食品雜貨業所需的資本如果分歸兩個食品雜貨商經營，那麼他們之間的競爭會使雙方都把售價降到比一個人獨營時便宜；如果分歸二十個 [VI] 雜貨商經營，那麼他們之間的競爭會更劇烈，而他們結合起來抬高他們的商品價格的可能性也變得更小。」（斯密，第 2 卷第 372—373 頁）

既然我們已經知道，壟斷價格是可能達到的最高價格；既然資本家的利益甚至按照一般國民經濟學的觀點看來是同社會利益相敵對的；既然資本利潤的提高像複利 17 一樣影響商品的價格（斯密，第 1 卷第 199—201 頁），——所以，**競爭**是對抗資本家的唯一手段；根據國民經濟學的論述，競爭既對工資的提高，也對商品價格的下降產生有利於消費公眾的好影響。25

但是，只有當資本增加而且分散在許多人手中的時候，競爭才有可能。只有通過多方面的積累才可能出現許多資本，因為資本一般只有通過積累才能形成，而多方面的積累必然轉化為單方面的積累。各個資本之間的競爭擴大各個資本的積累。在私有制的統治下，積累就是資本在少數人手中的**積累**，只要聽任資本的自然趨向，積累一般來說是一種必然的結果；而資本的這種自然使命恰恰是通過競爭來為自己開闢自由的道路的。

我們已經聽到，資本的利潤同資本的量成正比。因此，即使一開始就把蓄謀的競爭完全撇開不談，大資本也會按其量的大小相應地比小資本積累得快。[VI]

[VIII] 由此可見，完全撇開競爭不談，大資本的積累比小資本積累快得多。不過我們要進一步探討這個過程。

隨著資本的增長，資本利潤由於競爭而減少。因此，遭殃的首

先是小資本家。

資本的增長和大量資本的存在以一國財富的日益增進爲前提。

「在財富達到極高程度的國家，普通利潤率非常低，從而這個利潤能夠支付的利息很低，以致除了最富有的人以外任何人都不能靠利息生活。因此，所有中等有產者都不得不自己使用資本，經營一種實業，或參與某種商業。」（斯密，第1卷第〔196〕—197頁）

這種狀態是國民經濟學最喜愛的狀態。

「資本和收入之間的比例無論在什麼地方都決定著勤勞和懶惰的比例：資本佔優勢的地方，普通勤勞；收入佔優勢的地方，普通懶惰。」（斯密，第2卷第325頁）

在競爭擴大的條件下，資本使用的情況如何呢？

「隨著資本的增加，生息信貸基金的數量也必然不斷增長。隨著這種基金的增加，貨幣利息會日益降低，(1)因爲一切物品的市場價格隨著物品數量的增加而降低；(2)因爲隨著**一國資本的增加**，新資本要找到有利的用途**越來越困難**。不同資本之間就產生了競爭，一個資本的所有者千方百計奪取其他資本所占領的行業。但是，如果他不把自己的交易條件放寬一些，那麼他多半不能指望把其他資本排擠掉。他不僅要廉價銷售物品，而且往往爲了尋找銷售的機會，還不得不高價收購物品。因爲用來維持生產勞動的基金逐日增加，所以對生產勞動的需求也與日俱增：工人容易找到工作，[IX]而資本家却難以找到他們能夠雇用的工人。資本家的競爭使工資提高，利潤下降。」（斯密，第2卷第358—359頁）

因此，小資本家必須在二者中選擇其一：(1)他由於已經不能靠利息生活而把自己的資本吃光，從而不再做資本家；(2)親自經營實業，比富有的資本家賤賣貴買，並且支付較高的工資；因爲市場價

格由於假定的激烈競爭而已經很低，所以小資本家就陷於破產。相反，如果大資本家想擠掉小資本家，那麼，與小資本家相比，他擁有資本家作爲資本家所具有的對工人的一切優越條件。對他來說，較少的利潤可以由大量的資本來補償；他甚至可以長久地容忍暫時的虧損，直至小資本家破產，直至他擺脫小資本家的競爭。他就是這樣把小資本家的利潤積累在自己手裡。

其次，大資本家總是比小資本家買得便宜，因爲他的進貨數量大，所以，他賤賣也不會虧損。

但是，如果說貨幣利息下降會使中等資本家由食利者變爲企業家，那麼反過來，企業資本的增加以及因此引起的利潤的減少，會造成貨幣利息下降。

「隨著使用資本所能取得的利潤減少，爲使用這筆資本所能支付的價格也必然降低。」（斯密，第2卷第359頁）

「財富、工業、人口越增長，貨幣利息，從而資本家的利潤就越降低。利潤儘管減少，資本本身卻不但繼續增加，而且比以前增加得更迅速。大資本利潤雖低，但比利潤高的小資本一般也增長得更迅速。俗語説得好：錢能生錢。」（斯密，第1卷第189頁）

如果像在假定的那種激烈競爭狀態下所發生的那樣，利潤低的小資本同這個大資本相對立，那麼大資本成把它們完全壓垮。

在這種競爭中，商品質量普遍低劣、僞造、假冒、普遍有毒等等，正如在大城市中看到的那樣，都是必然的結果。

[X] 此外，**固定資本**和**流動資本**之間的比例，也是大資本和小資本的競爭中的一個重要情況。

「**流動資本**就是用於生產食物，製造業或商業的資本。只要它仍然留在所

有者手中或者保持原狀，它就不會給自己的所有者帶來收入或利潤。它不斷以一種形式用出去，再以另一種形式收回來，而且只有依靠這種流通，即依靠這種連續的轉化和交換，才帶來利潤。**固定資本**就是用於改良土地，購置機器、工具、手工是工具之類物品的資本。」（斯密，第 2 卷第 197—198 頁）

　　「固定資本維持費的任何節約能意味著純利潤的增長。任何企業家的總資本必然分成固定資本和流動資本，只要資本總額不變，其中一部分越小，另一部分就越大。流動資本用於購買原料、支付工資和推動生產。因此，固定資本的任何節約，只要不減少勞動生產力，都會增加生產基金。」（斯密，第 2 卷第 226 頁）

　　從一開頭就可以看出，固定資本和流動資本的比例，對大資本家要比對小資本家有利得多。最大的銀行家所需要的固定資本只比最小的銀行家略多一點，因為二者的固定資本都只限於銀行辦公的費用。大土地所有者的生產工具決不會按照他的土地面積而相應地增多。同樣，大資本家所享有的比小資本家高的信用，就是對於固定資本即一筆必須經常準備著的貨幣的相當大的節約。最後，不言而喻，凡是工業勞動高度發展的地方，也就是幾乎所有手工勞動都變成工廠勞動的地方，小資本家僅僅為了擁有必要的固定資本，把他的全部資本都投入也是不夠的。大家知道，大農業的勞動，通常只佔用不多的勞動人手。

　　與較小的資本家相比，在大資本積累時，一般還發生固定資本的相應的集中和簡化。大資本家為自己[XI]採用某種對勞動工具的組織方法。

　　「同樣，在工業領域，每個工場和工廠就已經是相當大一批物質財富為了生產的**共同**目的而同多種多樣的智力和技能實行的廣泛結合……凡是立法維護大地產的地方，日益增長的人口過剩部分就會湧向工商業，結果，正如英國那樣，大批無產者主要聚集在工業領域。凡是立法容許土地不斷分割的地方，

正如在法國那樣，負債的小所有者的數目就會增加起來，這些小所有者由於土地進一步分割而淪爲窮人和不滿者的階級。最後，當這種分割和過重的負債達到更高程度時，大地產就重新呑掉小地產，正像大工業吃掉小工業一樣；而且因爲相當大的地產重新形成，大批不再爲土地耕作所絕對需要的貧窮的工人就又湧向工業。」（舒耳茨《生產運動》第 [58] —59 頁）

「同一種商品的性質由於生產方法改變，特別是由於採用機器而發生變化。只是由於排除了人力，才有可能用價值 3 先令 8 便士的一磅棉花，紡出 350 束總長 167 英里（即 36 德里）、價值爲 25 基尼的紗。」（同上，第 62 頁）

「四十五年來英國的棉紡織品價格平均降低 $\frac{11}{12}$ 並且據馬歇爾計算，相同數量的製品，在 1814 年需要付 16 先令，而現在只值 1 先令 10 便士。工業產品的大落價既擴大了國內消費，也擴大了國外市場；因此，英國棉紡織工業的工人人數在採用機器以後不僅沒有減少，反而從 4 萬增加到 150 萬。[XII] 至於工業企業家和工人的收入，那麼由於廠主之間的競爭加劇，廠主的利潤同他們供應的商品量相比必然減少了。在 1820—1833 年這一期間，曼徹斯特的工廠主在每匹印花布上所得的總利潤由 4 先令 1$\frac{1}{3}$ 便士減少到 1 先令 9 便士。但是，爲了補償這個損失，生產量更加增大了。結果，在某些工業部門有時出現生產過剩；破產頻頻發生，在資本家和雇主的階級**內部**造成財產的波動不定和動蕩，這種波動和動蕩把一部分經濟破產的人投入無產階級隊伍；同時常常不得不突然實行停工或縮減生產，而雇用勞動者階級總是深受其害。」（同上，第 63 頁）

「出租自己的勞動就是開始自己的奴隸生活：而出租勞動材料就是確立自己的自由……勞動是人，相反地，勞動材料則根本不包括人。」（貝魁爾《社會經濟和政治經濟的新理論》**26** 第 411—412 頁）

「**材料**要素如沒有**勞動**要素就根本不能創造財富；在材料所有者看來，材料所以具有創造財富的魔力，彷彿是他們用自身的活動給材料加進了這種不可缺少的要素。」（同上）「假定一個工人的日常勞動每年給他平均帶來 400 法郎，而這個數目足夠一個成年人維持最起碼的生活，那麼，這等於說，一個每年擁有 2000 法朗利息、地租、房租等等收入的所有者在間接地迫使 5 個人爲他勞動；10 萬法郎的收入表示 250 人的勞動，而 100 萬法郎則表示 2500 人的勞動」，（同上，第 412—413 頁）從而，3 億法郎（路易—菲力浦）表示 75 萬工人的勞動。

「人們制定的法律賦予所有者以使用和濫用即隨心所欲地處置任何勞動材

料的權利……法律並不責成所有者始終及時地給那些一無所有的人提供工作，並且始終給他們足夠的工資，等等。」（同上，第413頁）「對生產的性質、數量、質量和適時性的確定是完全自由的；對財富的使用和消費以及對一切勞動材料的支配是完全自由的。每個人都可以只考慮他自己的個人利益，隨心所欲地自由交換自己的物品。」（同上，第413頁）

「競爭不過是任意交換的表現，而任意交換又是使用和濫用任何生產工具的個人權利的直接和合乎邏輯的結果。實質上構成一個統一整體的這三個經濟要素——使用和濫用的權利，交換的自由和無限制的競爭——引起如下的後果：每個人都可以按照他樂意的方式，在他樂意的時間和地點，生產他樂意生產的東西；他可以生產得好或壞、過多或過少、過遲或過早、過貴或過賤；沒有人知道，他能否賣出去、賣給誰、如何賣、何時賣、在何處賣。買進的情況也是如此。[XIII]生產者既不知道需要也不知道原料來源，既不知道需求也不知道供給。他在他願意賣和能夠賣的時候，在他樂意的地點，按照他樂意的價格，賣給他樂意賣的人。買進的情況也是如此。他在這一切方面總是偶然情況的玩偶，是強者、寬裕者、富有者所強加的法律的奴隸……一個地方是財富的不足，而另一個地方則是財富的過剩和浪費。一個生產者賣得很多或者賣得很貴並且利潤豐厚，而另一個生產者賣不出去或者虧本……供給不知道需求，而需求不知道供給。你們根據消費者中的愛好和時興進行生產；可是，當你們準備好提供這種商品的時候，他們的興頭已經過去而轉向另一種產品上去了……這一切情況的必然結果就是連續不斷的和範圍日益擴大的破產；失算，突如其來的破落和出乎意料的致富；商業危機，停業，周期性商品滯銷或脫銷；工資和利潤的不穩定和下降；財富、時間和精力在激烈競爭的舞臺上的損失或驚人的浪費。」（同上，第414—416頁）

李嘉圖在他的書（地租）中說：各國只是生產的工場；人是消費和生產的機器；人的生命就是資本；經濟規律盲目地支配著世界。在李嘉圖看來，人是微不足道的，而產品則是一切。在法譯本第二十六章中說：

「對於一個擁有2萬法郎資本，每年獲得利潤2000法郎的人來說……不管他的資本是雇100個工人還是雇1000個工人……都是一樣的。一個國家的實

際利益不也是這樣嗎？只要這個國家的實際純收入、它的地租和利潤不變，這個國家的人口有1000萬還是有1200萬，都是無關緊要的。」德·西斯蒙先生說（第2卷第331頁）：「眞的，就只能盼望國王孤零零地住在自己的島上，不斷地轉動把手，通過自動機來完成英國的全部工作了。」26

「雇主用只夠滿足工人最迫切需要的低價格來購買工人的勞動，對於工資不足或勞動時間過長，他不負任何責任，因爲他自己也要服從他強加給別人的法律……貧困的根源與其說在於人，不如說在於物的力量。」（[畢萊]同上，第82頁）

「英國許多地方的居民沒有足夠的資本來改良和耕種他們的土地。蘇格蘭南部各郡的羊毛，因爲缺乏就地加工的資本，大部分不得不通過很壞的道路，長途運送到約克郡去加工。英國有許多小工業城市，那裡的居民缺乏足夠的資本把他們的工業產品運到可以找到需求和消費者的遙遠市場上去。這兒的商人[XIV]只不過是住在某些大商業城市中的大富商的代理人。」（斯密，第2卷第382頁）「要增加土地和勞動的年產品的價值，只有兩種辦法：增加**生產工人的人數**，或者提高已被雇用的**工人的勞動生產率**……兩種情況都幾乎總是必須增加資本。」（斯密，第2卷第338頁）

「因爲按照事物的本性，資本的**積累**是分工的必要的前提，所以只有資本的積累越來越多，分工才會越來越細。分工越細，同樣數目的人所能加工的原料數量也就增加得越多；因爲這時每個工人的任務越來越簡單，所以減輕和加速這些任務的新機器就大量發明出來。因此，隨著分工的發展，爲了經常雇用同樣數目的工人，就必須預先積累和從前同樣多的生活資料，以及比從前不大發達時更多的原料、工具和器具。在任何生產部門，工人人數總是隨著這一部門分工的發展而增長，更正確地說，正是工人人數的這種增長才使工人有可能實現這種細密的分工。」（斯密，第2卷第193—194頁）

「勞動生產力的大大提高，非有預先的資本積累不可，同樣，資本的積累也自然會引起勞動生產力的大大提高。資本家希望利用自己的資本來生產儘可能多的產品，因此他力求在自己的工人中間最恰當地進行分工，並把儘可能好的機器供給工人使用。他這兩方面成功的可能性如何，[XV]要看他有多少資本，或者說，要看這個資本能夠雇用多少工人。因此，在一個國家裡，不僅勞動量隨著推動勞動的**資本的擴大**而增加，而且，同一勞動量所生產的產品，也由於資本的擴大而大大增加。」（斯密，同上，第194—195頁）

由此出現了**生產過剩**。

「由於在更大規模的企業中實行更大數量和更多種類的人力和自然力的結合，在工業和商業中……生產力更廣泛地聯合起來。到處……主要的生產部門彼此已經更密切地結合起來。例如，大工廠地主也力圖購置大地產，以便他們的工業企業所需要的原料至少有一部分不必從他人手中得到；或者他們結合自己的工業企業開辦商業，不僅爲了銷售他們自己的產品，而且爲了購買其他種類的產品並把這些產品賣給他們的工人。在英國，那裡一個工廠主有時擁有10,000—12,000 個工人……不同生產部門在**一個**主管人的領導之下的這種結合，這種所謂國家中的小國家或國家中的屬領，已經屢見不鮮。例如，**伯明翰**的礦主近來已把製鐵的**全部**生產過程掌握起來，而過去製鐵的全部生產過程是分散在許多企業家和所有者手裡的。見 1838 年《德意志季刊》第 3 期《伯明翰礦區》一文。——最後，我們在目前已如此衆多的大股份公司中，還看到**許多**股東的財力同另一些擔任實際工作的人的科技知識才能的廣泛結合。這樣一來，資本家就有可能以更多種多樣的方式來利用自己的積蓄，甚至還可以把積蓄同時用於農業、工業和商業。因此他們的利益就更是多方面的了，[XVI]而農業、工業和商業的利益之間的對立也緩和下來並趨於消滅。然而，正是這種增大的按不同方式使用資本的可能性本身，必定會加深有產者階級和無產者階級之間的對立。」（舒耳茨，同上，第 40—41 頁）

房東從窮人身上取得巨額利潤。房租和工業貧困成反比。

從淪落的無產者的惡習中也抽取利息。（賣淫，酗酒，抵押放債人。）

當資本和地產掌握在同一個人手中，並且資本由於數額龐大而能夠把各種生產部門結合起來的時候，資本的積累日益增長，而資本間的競爭日益減少。

對人的漠不關心。斯密的二十張彩票[27]。

薩伊的純收入和總收入。[XVI]

地　　租

[I] **土地所有者的權利**來源於掠奪。（薩伊，第1卷第136頁，注）土地所有者也像所有其他人一樣，喜歡在他們未曾播種的地方得到收獲，甚至對土地的自然成果也索取地租。（斯密，第1卷第99頁）

「也許有人認爲，地租不過是土地所有者用來改良土地的資本的利潤……有時候，地租可能部分地是這樣……但是，(1)土地所有者甚至對未改良的土地也要求地租，而可以看作改良費用的利息或利潤的東西，則往往是這種原始地租的追加額（附加費）；(2)此外，這種改良並不總是用土地所有者的資本，而有時是用租地農場主的資本來進行的；雖然如此，在重訂租約時，土地所有者通常要求提高地租，彷彿這種改良全是由他出資本進行的；(3)而且，他有時甚至對那根本不能用人力來改良的東西也要求地租。」（斯密，第1卷第300—301頁）

爲說明後一種情況，斯密舉叉明草（海藻 Seekrapp, Salicorne）爲例，

「這是一種海洋植物，一經燃燒便可成爲製造玻璃、肥皂等等所用的碱性鹽。這種植物生長在英國，特別是蘇格蘭各地，但是只生長在漲潮能達到的岩石上；這些岩石每日兩次被海潮淹没，因此這些岩石上的產物決不能通過人的勞動而增多。然而，生長這種植物的地段的所有者也要求地租，就像對谷田要求地租一樣。設德蘭群島附近海域盛產魚類。該群島的大部分居民[II]都靠捕魚爲生。但是要從水產品獲利，就必須在近海地帶有住所。這裡的地租不是同

租地農場主可能從土地取得的東西成比例，而是同他可能從土地和海洋這兩方面取得的東西的總和成比例。」（斯密，第1卷第301—302頁）

「可以把地看成是土地所有者租給租地農場主使用的那些**自然力**的產物。這種產物的多少，取決於那些自然力的大小，換句話說，取決於土地的自然肥力或人工肥力的大小。地租是扣除或補償一切可以看作人工產物的東西之後所留下的自然的產物。」（斯密，第2卷第377—378頁）

「這樣一來，被看成是爲使用土地而支付的價格的**地租**，自然是一種**壟斷價格**。它完全不是同土地所有者改良土地所支出的費用成比例，也不是同土地所有者爲了不虧損而必須取得的數額成比例，而是同租地農場主在不虧損的情況下所能提供的數額成比例。」（斯密，第1卷第302頁）

「在這三大階級中，土地所有者是這樣一個階級，他們的收入既不花勞力也不用勞心，而是所謂自然而然地落到他們手中的，並且用不著進行任何謀算和計劃。」（斯密，第2卷第161頁）

我們已經聽到，地租的數量取決於土地的**肥力**。

決定地租數量的另一個因素是土地的**位置**。

「不管土地的產品怎樣，地租隨著土地的**肥力**而變動；不管土地的肥力怎樣，地租隨著土地的**位置**而變動。」（斯密，第1卷第306頁）

「如果土地、礦山和漁場的自然富饒程度相等，它們的產量就取決於用來耕種或開發的資本數額以及[III]使用這種資本的本領的大小。如果資本數額和使用資本的本領都相等，它們的產量就同土地、礦山或漁場的富饒程度成比例。」（[斯密]，第2卷第210頁）

斯密的這些論點之所以重要，是因爲在生產費用和資本額相等的條件下把地租歸結爲土地肥力的大小。這清楚地證明了國民經濟學把土地肥力變成土地所有者的屬性的這種概念的顛倒。

現在讓我們來考察一下地租，看它在現實的關係中是如何形成的。

地租是通過**租地農場主**和**土地所有者之間的鬥爭**確定的。在國

民經濟學中，我們到處可以看到，各種利益的敵對性的對立、鬥爭、戰爭被認爲是社會組織的基礎。

　　我們就來看一看土地所有者和租地農場主之間的相互關係是怎樣的。

　　「當決定租約條件時，土地所有者設法使租地農場主所得的數額，僅夠補償他用於置備種子，支付工資、購買、維持耕畜和其他生產工具的資本，並使他取得當地農場的普通利潤。顯然，這個數額是租地農場主在不虧本的條件下所願意接受的最低數額，而土地所有者決不會多留給他。產品或產品價格超過這一部分的餘額，不論它有多大，土地所有者都力圖把它作爲地租攫爲己有。這種地租就是租地農場主在土地現狀下所能支付的最高額。[IV]這個餘額始終可以看作自然地租，即大多數土地在出租時自然而然地應該得到的地租。」（斯密，第1卷第299—300頁）

　　薩伊說：「土地所有者對租地農場主實行某種壟斷。對他們的商品即土地的需求可能不斷增長；但是他們的商品數量只能擴展到某一點⋯⋯土地所有者和租地農場主之間所達成的交易，總是對前者盡可能有利⋯⋯除了天然的好處以外，他還從自己的地位、較大的財產、信譽、聲望中得到好處；但是，僅僅前一種好處就足以使他能夠**獨享**他的土地的一切有利條件。運河或道路的修建，當地人口和福利的增長，都會提高地租⋯⋯誠然，租地農場主本人也可能自己花錢來改良土壤；但是他只能在租期內從這筆投資中得到好處；租期一滿，全部利益就轉歸土地所有者了；從這時起，土地所有者雖然沒有預付分文，却取得利息，因爲地租相應地增加了。」（薩伊，第2卷第[142]—143頁）

　　「因此被看成是爲使用土地而支付的價格的地租，自然是租地農場主在土地現狀下所能支付的最高價格。」（斯密，第1卷第299頁）

　　「因此，土地地面的地租大都占總產品的三分之一，並且這個數額大都是固定的，[V]不受收成的意外變動的影響。」（斯密，第1卷第351頁）「低於總產品的四分之一的地租是很少的。」（同上，第2卷第378頁）

　　並非從一切商品上都能取得**地租**。例如，在許多地區，對石頭就不支付地租。

「通常只有這樣一部分土地產品才能送往市場出賣，即這種產品的普通價格足夠補償把它們運往市場所需的資本，並能提供這筆資本的普通利潤。如果普通價格超過足夠價格，它的餘額自然會歸入地租。如果普通價格恰好是這個足夠價格，商品雖然能夠完全進入市場，但是不能給土地所有者提供地租。價格是否超過這個足夠價格，這取決於需求。」（斯密，第1卷第302—303頁）

「地租是以與工資、資本利潤**不同的方式**加入**商品價格**的構成。**工資和利潤的高低**是商品價格高低的**原因**，而地租的高低是這一價格的**結果**。」（斯密，第1卷第303—[304]頁）

食物是始終提供**地租的產品**之一。

「因為像其他一切動物一樣，人的繁殖自然同其生存資料相適應，所以對食物總是有或大或小的需求。食物總是能夠購買或多或少的[VI]勞動量，並且總是有人願意為獲得食物去做某種事情。誠然，由於有時要支付高工資，食物所能購買的勞動量，並不總是同食物被分配得最經濟時所能維持的勞動量**相等**。但是，食物總是能夠購買到它按照當地普通生活標準所能維持的那個數量的勞動。土地幾乎在任何情況下都能生產出較大量的食物，也就是說，除了維持使食物進入市場所必需的全部勞動外還有剩餘。這個餘額又始終超過那個足夠補償推動這種勞動的資本並提供利潤的數量。所以這裡始終有一些餘額用來向土地所有者支付地租。」（斯密，第1卷第305—306頁）「不僅食物是地租的原始源泉，而且，如果後來其他任何土地產品也提供地租，那麼它的價值中的這個剩餘部分，也是土地的耕種和改良使生產食物的勞動生產力提高的結果。」（斯密，第1卷第345頁）「人的食物看來是始終提供地租的。」（第1卷第337頁）「一國有多少人口，不是看這個國家的產品能夠保證多少人的衣服和住宅，而是看這個國家的產品能夠保證多少人的食物。」（斯密，第1卷第342頁）

「除了食物之外，衣服和住宅（連同取暖設備）就是人類的兩大需要。」這些東西大都可以帶來地租，但並非必定如此。（同上，第1卷第[337]—338頁）[VI]

[VIII]現在讓我們來看看土地所有者如何榨取社會的一切利

益。

(1)地租隨著人口的增長而增加[28]。（斯密，第 1 卷第 335 頁）

(2)我們已經從薩伊那裡聽到，地租如何隨著鐵路等等的修建，隨著交通工具的改善、增多和日益安全而增加。

(3)「社會狀況的任何改善都有**直接**或**間接地**提高地租、擴大土地所有者的實際財富即擴大土地所有者購買他人勞動或勞動產品的權力的趨勢……在土壤改良和耕作上的進步可以直接造成這種結果。土地所有者在產品中得到的那個份額，必然隨著這個產品數量的增加而增加……這種原產品實際價格例如家畜價格的提高，也可以直接地並以更大的比例提高地租。隨著產品的實際價值的增長，不僅土地所有者所得份額的實際價值，從而他支配他人勞動的實際權力增長了，而且土地所有者得到的份額在總產品中所佔的比重也增長了。這種產品的實際價格提高以後，生產它所需的勞動並不比以前多。這樣，產品中一個比過去小的份額，就足夠補償所使用的資本及其普通利潤。因此，現在留歸土地所有者的那一部分產品同總產品比較起來，將比過去大得多。」（斯密，第 2 卷第 157—159 頁）

[IX] 對原料的需求的增長以及由此而產生的原料價值的提高，可能部分地是人口及其需要增長的結果。但是，每一項新的發明，工業對於過去從未利用或很少利用的原料的每一次新的採用，都提高地租。例如，隨著鐵路、輪船等等的出現，煤礦的地租大大增長了。

除了土地所有者從工業、各種發現和勞動取得的這種利益以外，我們現在再看一看另一種利益。

(4)「提高勞動生產力的各種方法既能直接降低工業品的實際價格，也能間接提高實際地租。土地所有者用超過他個人消費的這部分原料或這部分原料的價格來交換工業品。凡是降低工業品實際價格的措施，都能提高農產品的實際

價格。這時，同量原料將相當於較多的工業品，而土地所有者就能得到較多的享樂品、裝飾品和奢侈品。」（斯密，第2卷第159頁）

但是，斯密從土地所有者榨取社會一切利益這一事實得出 [X] 結論說（第2卷第161頁），土地所有者的利益始終同社會利益一致，這就荒謬了。根據國民經濟學，在私有制占統治的條件下，個人從社會得到的利益同社會從個人得到的利益成反比，正像高利貸者靠浪費者得到的利益絕不同浪費者的利益相一致一樣。

我們現在只順便提一下土地所有者針對外國地產的壟斷欲；例如，穀物法就來源於這種壟斷欲。同樣，我們在這裡不談中世紀的農奴制、殖民地的奴隸制、英國農民、短工的貧困。讓我們遵循國民經濟學本身的原理吧。

(1)按照國民經濟學的原理，土地所有者從社會的繁榮得到利益；他從人口、工業生產的增長，從社會需要的增長，一句話從社會財富的增長得到利益，正如我們上面所考察的，這種增長與貧困和奴役的增長是一致的。房租上漲和貧困增長之間的關係，就是土地所有者從社會得到利益的一個例子，因為隨著房租的上漲，地租，即房基地的租金也增長。

(2)根據國民經濟學家們本身的看法，土地所有者的利益同租地農場主即社會的相當大一部分人的利益是敵對的[29]。

[XI](3)因為租地農場主支付的工資越少，土地所有者能夠向租地農場主索取的地租就越高，又因為土地所有者向租地農場主索取的地租越高，租地農場主就把工資壓得越低，所以，土地所有者的利益同雇農的利益是敵對的，正如工廠主的利益同他的工人的利益是敵對的一樣。土地所有者的利益也要求把工資壓到最低限度。

(4)因為工業品價格的實際降低可以提高地租，所以，土地所有者從工業工人工資的降低、資本家之間的競爭、生產過剩以及工業發展所造成的一切災難直接得到利益。

(5)由此看來，如果說土地所有者的利益同社會的利益完全不一致，並且同租地農場主、雇農、工業工人和資本家的利益相敵對，那麼，從另一方面來看，一個土地所有者的利益，由於競爭的緣故，也絕不會同另一個土地所有者的利益一致。我們現在就來考察一下這種競爭。

大地產和小地產之間的相互關係一般是與大資本和小資本之間的相互關係一樣的。但是，還有一些特殊情況必然引起大地產的積累和大地產對小地產的吞併。

[XII] (1)工人和勞動工具的相對數量，在任何地方也不像在地產中那樣隨著基金的增大而減少得那麼多。同樣，全面利用的可能性，生產費用的節約和巧妙的分工，在任何地方也不像在地產中那樣隨著基金的增大而提高得那麼多。不管地塊多麼小，耕種這塊土地所必要的勞動工具如犁、鋸等等的數量到一定限度便不能再減，而地產的面積則可以大大縮小，不受此限。

(2)大地產把租地農場主用於改良土地的那筆資本的利息供自己積累。小地產則不得不把自己的資本投入這方面。因而，對它來說，這全部利潤便化為烏有。

(3)每一項社會改良都對大地產有利而對小地產有害，因為這種改良總是要求小地產付出越來越多的現款。

(4)還要考察一下關於這種競爭的兩個重要規律：

(α) 生產人們食物的耕地的地租，決定其他大部分耕地的地租。（斯密，

第 1 卷第 331 頁）

　　歸根結底只有大地產才能生產家畜之類的食物。因此，大地產決定其他土地的地租，並能把它降低到最低限度。

　　在這種情況下，自耕的小土地所有者和大土地所有者的關係，正像擁有**自己的**工具的手工業和工廠主的關係一樣。小地產簡直成了勞動工具。[XVI] 對小土地所有者說來，地租完全消失了，留給他的至多只是他的資本的利息和他的工資；因爲通過競爭，地租可能降低到剛好相當於並非土地所有者本人所投入的那筆資本的利息。

　　(β) 此外，我們已經聽說，如果土地、礦山或漁場的富饒程度相等和經營水平相等，那麼產品就同資本的大小成比例。因而，大土地所有者總是取得勝利。同樣，如果資本相等，那麼產品就同土地的肥力成比例。因而，在資本相等的條件下，勝利屬於較肥沃土地的所有者。

　　(γ)「一般説來，一個礦山是富饒還是貧瘠，要看用一定量的勞動從這個礦山所取得的礦物量是多於還是少於用同量勞動從其他大部分同類礦山所取得的礦物量。」（斯密，第 1 卷第 345—346 頁）「最富饒的煤礦的產品價格也調節鄰近其他一切礦井的煤的價格。土地所有者和企業主都會發現，如果他們的產品的賣價比鄰近礦低一些，土地所有者就能得到更多的地租，企業主就能得到更多的利潤。在這種情況下，鄰礦也不得不按同一價格出賣自己的產品，雖然他們不大有能力這樣做，雖然這種價格會越來越低，有時還會使他們完全失去地租和利潤。結果，一些礦井完全被放棄，另外一些礦井提供不了地租，而只能由土地所有者本人開採。」（斯密，第 1 卷第 350 頁）「秘魯銀礦發現以後，歐洲的銀礦大都廢棄……在波托西銀礦發現以後，古巴和聖多明各的銀礦，甚至秘魯的老礦，也都發生同樣的情況。」（第 1 卷第 353 頁）

　　斯密在這裡關於礦山所講的這些話，或多或少也適用於一般的地產。

　　(δ)「應該指出，土地的普通市場價格始終取決於普通市場利息率……如果地租大大低於貨幣利息，那麼，誰也不願購買土地，土地的普通市場價格會很快下跌。反之，如果地租的收益抵補貨幣利息而綽綽有餘，那麼，所有的人都願爭購土地，土地的普通市場價格同樣會很快回升。」([斯密]，第2卷第[367]—368頁)

　　從地租和貨幣利息之間的這種關係可以得出結論說，地租必然越來越降低，以致最後只有富有的人才能靠地租過活。因而土地不出租的土地所有者之間的競爭便不斷加劇。一部分土地所有者破產。大地產進一步集中。

　　[XVII] 其次，這種競爭還會使大部分地產落入資本家手中，資本家同時也成為土地所有者，正如較小的土地所有者現在一般僅僅作為資本家存在一樣。同樣，一部分大土地所有者同時也成為工業家。

　　因此，最終的結果是資本家和土地所有者之間的差別消失，以致在居民中大體上只剩下兩個階級：工人階級和資本家階級。地產買賣，地產轉化為商品，意味著舊貴族的徹底沒落和金錢貴族的最後形成。

　　(1)浪漫主義者為此流下的感傷的眼淚**30**是我們所不取的。他們總是把**土地的買賣**31中的卑鄙行為同土地**私有權的買賣**中包含的那些完全合理的、在私有制範圍內必然的和所期望的後果混為一談。首先，封建地產按其本質說來已是買賣了的土地，已是同人相異化

並因而以少數大領主的形態與人相對立的土地。

封建的土地占有已經包含土地作爲某種異己力量對人們的統治。農奴是土地的附屬物。同樣，長子繼承權享有者即長子，也屬於土地。土地繼承了他。私有財產的統治一般是從土地占有開始的；土地占有是私有財產的基礎。但是，在封建的土地占有制下，領主至少**在表面上看來**是領地的君主。同時，在封建領地上，領主和土地之間還存在著比單純**物質**財富的關係更爲密切的關係的假象。地塊隨它的主人一起個性化，有它的爵位，即男爵或伯爵的封號；有它的特權、它的審判權、它的政治地位等等。土地彷彿是它的主人的無機的身體。因此俗語說：「沒有無主的土地。」這句話表明領主的權勢是同領地結合在一起的。同樣，地產的統治在這裡並不直接表現爲單純的資本的統治。屬於這塊地產的人們對待這塊地產無寧說就像對待自己的祖國一樣。這是一種最狹隘的民族性。

[XVIII] 正像一個王國給它的國王以稱號一樣，封建地產也給它的領主以稱號。他的家庭史，他的家世史等等——對他來說這一切都使他的地產個性化，使地產名正言順地變成他的家世，使地產人格化。同樣，那些耕種他的土地的人並不處於**短工**的地位，而是一部分像農奴一樣本身就是他的財產，另一部分對他保持著尊敬、忠順和納貢的關係。因此，領主對他們的態度是直接政治的，同時又有某種**感情的**一面。風尚、性格等等依地塊而各不相同；它們彷彿同地塊連結在一起，但是後來把人和地塊連結在一起的便不再是人的性格、人的個性，而僅僅是人的錢袋了。最後，封建領主並不力求從自己的地產取得最大可能的收益。相反地，他消費那裡的東西，而心安理得地讓農奴和租地農場主去操心新財源的開闢。這就是**貴族**對領地的態度，它給領主罩上浪漫主義的靈光。

這種假象必將消失，地產這個私有財產的根源必然完全捲入私有財產的運動而成爲商品；所有者的統治必然要失去一切政治色彩，而表現爲私有財產、資本的單純統治；所有者和勞動者之間的關係必然歸結爲剝削者和被剝削者的經濟關係；所有者和他的財產之間的一切人格的關係必然終止，而這個財產必然成爲純**實物的**、物質的財富；與土地的榮譽聯姻必然被基於利害關係的聯姻代替，而土地也像人一樣必然降到買賣價值的水平。地產的根源，即卑鄙的自私自利，也必然以其無恥的形式表現出來。穩定的壟斷必然變成動盪的、不穩定的壟斷，即變成競爭，而對他人血汗成果的悠閒享受必然變成對他人血汗成果的忙碌交易。最後，在這種競爭的過程中，地產必然以資本的形式既表現爲對工人階級的統治，也表現爲對那些隨著資本運動的規律而升降浮沉的所有者本身的統治。從而，中世紀的俗語「沒有不屬領主的土地」被現代俗語「金錢沒有主人」所代替。後一俗語清楚地表明了死的物質對人的完全統治。

[XIX](2)關於地產的分割或不分割的爭論，應該指出下面一點：

地產的分割是對地產**大壟斷**的否定；但是分割只有使壟斷**普遍化**才消滅壟斷。地產的分割並不消滅壟斷的基礎——私有制。它只觸及壟斷的形式，而不觸及壟斷的本質。結果，地產的分割成了私有制規律的犧牲品。因爲地產的分割是適應工業領域的競爭運動的。除了工具分散和勞動相互分離（應當同分工區別開來：這裡不是一件工作由許多人來分擔，而是大家各自從事同樣的勞動，這就是無數次地重複同樣的勞動）這種經濟上的不利之外，這種分割也和上述的競爭一樣，必然重新轉化爲積累和積聚。

因此，凡是進行地產分割的地方，就只能或者回到更加醜惡的形態的壟斷，或者否定、揚棄地產分割本身。但是這不是回到封建

的土地占有制，而是消滅整個土地私有制。對壟斷的最初揚棄總是使壟斷普遍化，也就是使它的存在範圍擴大。揚棄了具有最廣泛的、無所不包的存在形式的壟斷，才算完全消滅了壟斷。聯合一旦應用於土地，就享有大地產在經濟上的好處，並第一次實現分割的原有傾向——平等。同樣，聯合也就通過合理的方式，而不再借助於農奴制度、領主統治和有關權的荒謬的神秘主義來恢復人與土地的溫情脈脈的關係，因爲土地不再是買賣的對象，而是通過自由的勞動和自由的享受，重新成爲人的眞正的自身的財產，地產分割的巨大好處是，一大批不再甘心忍受農奴制奴役的人，將以不同於工業的方式，由於財產而滅亡。

至於說到大地產，它的維護者總是用詭辯的方式把大農業在經濟上的好處同大地產混爲一談，彷彿這種好處不是恰恰通過[這種]財產的廢除，[XX]才能一方面最充分地發揮出來，另一方面第一次成爲社會的利益。同樣，這些維護者還攻擊小地產的商販心理，彷彿大地產甚至在它的封建形式下也不是潛在地包藏著商販行爲，更不用說現代英國的地產形式了，在那裡，土地所有者的封建主義是同租地農場主的牟利和勤勉結合在一起的。

大地產可以把地產分割對壟斷的責難回敬給地產分割，因爲地產分割也是以私有財產的壟斷爲基礎的，同樣，地產分割可以把對分割的責難回敬給大地產，因爲那裡也是分割占統治地位，只不過採取不動的、凍結的形式罷了。總之，私有財產是以分割爲基礎的。此外，正如地產分割要重新導致資本主義類型的大地產一樣，封建的地產，不管它怎樣設法掙脫，也必然要遭到分割，或者至少要落到資本家手中。

這是因爲大地產，像在英國那樣，把絕大多數居民推進工業的

懷抱，並把它自己的工人壓榨到赤貧的程度。因此大地產把國內的貧民和全部活動都推到敵對方面，從而促使自己的敵人即資本、工業的勢力的產生和壯大。大地產把國內的大多數居民變成工業人口，從而使他們成為大地產的敵人。如果工業實力達到高度發展，像現在英國那樣，那麼工業就會逐步地迫使大地產把它的壟斷針對外國，迫使它同外國的地產進行競爭。因為，在工業的統治下，地產只有通過針對外國的壟斷才能確保自己的封建權威，從而不受與它的封建本質矛盾的一般商業規律支配。而地產一旦捲入競爭，它就要像其他任何受競爭支配的商品一樣遵循競爭的規律。它同樣會動盪不定，時而縮減，時而增加，從一個人手中轉入另一個人手中，任何法令都無法使它再保持在少數特定的人手中。[XXI] 直接的結果就是地產分散到許多所有者手中，並且無論如何要服從於工業資本的權力。

最後，那種靠強力維持下來並在自己旁邊產生了可怕的工業的大地產，要比地產分割更快地導致危機，因為在地產分割條件下工業的權力總是處於次要地位。

正如在英國那樣，大地產就它力求搞到盡可能多的貨幣而言，已經失去自己的封建性質，而具有工業的性質。它給所有者帶來盡可能多的地租，而給租地農場主帶來盡可能多的資本利潤。結果農業工人的工資就被降到最低限度，而租地農場主階級就在地產範圍內代表著工業和資本的權力。由於同外國競爭，地租在大多數情況下不再形成一種獨立的收入了。大部分土地所有者不得不取代租地農場主的地位，而租地農場主則有一部分淪為無產階級。另一方面，有許多租地農場主也占有地產；這是因為有優裕收入的大土地所有者大都沉緬於揮霍，並且一般都沒有能力領導大規模的農業；他們

往往旣無資本又無能力來開發土地。因此，他們中間也有一部分人完全破產。最後，爲了經得起新的競爭，已經降到最低限度的工資不得不進一步降低。而這就必然導致革命。

工業必然以壟斷的形式和競爭的形式走向破產，以便學會相信人，同樣，地產必然以這種方式或那種方式發展起來，以便以這些方式走向必不可免的滅亡。[XXI]

［異化勞動］

[XXII] 我們是從國民經濟的各個前提出發的。我們採用了它的語言和它的規律。我們把私有財產，把勞動、資本、土地的相互分離、工資、資本利潤、地租的互相分離以及分工、競爭、交換價值概念等等當作前提。我們從國民經濟學本身出發，用它自己的話指出，工人降低爲商品，而且是最賤的商品；工人的貧困同他的產品的力量和數量成正比①；競爭的必然結果是資本在少數人手中積累起來，也就是壟斷的更可怕的恢復；最後，資本家和他靠地租生活的人之間、農民和工人之間的區別消失了，而整個社會必然分化爲兩個階級，即有產者階級和沒有財產的工人階級。

國民經濟學從私有財產的事實出發，但是，它沒有給我們說明這個事實。它把私有財產在現實中所經歷的物質過程，放進一般的、抽象的公式，然後又把這些公式當作規律。它不理解這些規律，也就是說，它沒有指明這些規律是怎樣從私有財產的本質中產生出來的。國民經濟學沒有給我們提供一把理解勞動和資本分離以及資本和土地分離的根源的鑰匙。例如，當它確定工資和資本利潤之間的關係時，它把資本家的利益當作最後的根據；也就是說，它把應當加以論證的東西當作前提。同樣，競爭到處出現，却用外部情況來

---

① 原文是：「反比」。——俄文版編者注

說明。國民經濟學也根本沒有告訴我們，這種似乎偶然的外部情況在多大程度上僅僅是一種必然的發展過程的表現。我們已經看到，交換本身在它看來是偶然的事實。**貪欲以及貪婪者之間的戰爭即競爭**，是國民經濟學家所推動的唯一的車輪。

正因爲國民經濟學不理解運動的聯繫，所以才會把例如競爭的學說同壟斷的學說，營業自由的學說同同業公會的學說，地產分割的學說同大地產的學說對立起來。因爲競爭、營業自由、地產分割僅僅被理解和描述爲壟斷、同業公會和封建所有制的偶然的、蓄意的、強制的結果，而不是必然的、不可避免的、自然的結果。

因此，我們現在必須弄清楚私有制，貪欲和勞動、資本、地產三者之間的分離之間，交換和競爭之間，人的價值和人的貶值之間，壟斷和競爭等等之間，這全部異化和**貨幣**制度之間的本質聯繫。

我們不像國民經濟學家那樣，當他想說明什麼的時候，總是讓自己處於虛構的原始狀態。這樣的原始狀態什麼問題也說明不了。國民經濟學家只是使問題墮入五里霧中。他把應當加以推論的東西即兩個事物——例如分工和交換——之間的必然的關係，假定爲事實、事件。神學家也是這樣用原罪來說明罪惡的起源，也就是說，他把他應當加以說明的東西假定爲一種歷史事實。

我們從**當前的**經濟事實出發吧：

工人生產的財富越多，他的產品力量和數量越大，他就越貧窮。[32]工人創造的商品越多，他就變成廉價的商品。物的世界的**增值**同人的世界的**貶值**成正比。勞動不僅生產商品，它還生產作爲**商品**的勞動自身和工人，而且是按它一般生產商品的比例生產的。

這一件事實不過表明：勞動所生產的對象，即勞動的產品，作爲一種**異己的**存在物，作爲**不依賴於**生產者的**力量**，同勞動相對立。

勞動的產品就是固定在某個對象中、物化爲對象的勞動，這就是勞動的**對象化**。勞動的現實化就是勞動的對象化。在被國民經濟學作爲前提的那種狀態下，勞動的這種現實化爲工人的**非現實化**，對象化表現爲**對象的喪失和被對象奴役**，占有表現爲**異化、外化**[33]。

　　勞動的現實化竟如此表現爲非現實化，以致工人非現實化到餓死的地步。對象化竟如此表現爲對象的喪失，以致工人被剝奪了最必要的對象──不僅是生活的必要對象，而且是勞動的必要對象。甚至連勞動本身也成爲工人只有靠最緊張的努力和極不規則的間歇才能加以占有的對象。對對象的占有竟如此表現爲異化，以致工人生產的對象越多，他能夠占有的對象就越少，而且越受他的產品即資本的統治。

　　這一切後果包含在這樣一個規定中：工人同**自己的勞動產品**的關係就是同一個**異己的**對象關係。因爲根據這個前提，很明顯，工人在勞動中耗費的力量越多，他親手創造出來反對自身的、異己的對象世界的力量就越大，他本身、他的內部世界就越貧乏，歸他所有的東西就越少。宗教方面的情況也是如此。人奉獻給上帝的越多，他留給自己的就越少。[34]工人把自己的生命投入對象；但現在這個生命已不再屬於他而屬於對象了。因此，這個活動越多，工人就越喪失對象。凡是成爲他的勞動產品的東西，就不再是他本身的東西。因此，這個產品越多，他本身的東西就越少。工人在他的產品中的**外化**，不僅意味著他的勞動成爲對象，成爲**外部的**存在，而且意味著他的勞動作爲一種異己的東西不依賴於他而**在他之外**存在，並成爲同他對立的獨立力量；意味著他給予對象的生命作爲敵對的和異己的東西同他相對立。

　　[XXIII] 現在讓我們來更詳細地考察一下**對象化**，即工人的生

產，以及對象化中的**異化、喪失**。

沒有**自然界**，沒有**感性的外部世界**，工人就什麼也不能創造。它是工人用來實現自己的勞動、在其中展開勞動活動、由其中生產出和借以生產出自己的產品的材料。

但是，自然界一方面在這樣意義上給勞動提供**生活資料**，即沒有勞動加工的對象，勞動就不能**存在**，另一方面，自然界也在更狹隘的意義上提供**生活資料**，即提供**工人**本身的肉體生存所需的資料。

因此，工人越是通過自己的勞動**占有**外部世界、感性自然界，他就越是在兩個方面失去**生活資料**：第一，感性的外部世界越來越不成爲屬於他的勞動的對象，不成爲他的勞動的**生活資料**；第二，這個外部世界越來越不給他提供直接意義的**生活資料**，即勞動者的肉體生存所需的資料。

因此，工人在這兩方面成爲自己的對象的奴隸：首先，他得到**勞動的對象**，也就是得到**工作**；其次，他得到**生存資料**。因而，他首先作爲**工人**，其次作爲**肉體的主體**，才能夠生存。這種奴隸狀態的頂點就是：他只有作爲**工人**才能維持作爲**肉體的主體**的生存，並且只有作爲**肉體的主體**才能是工人。

（按照國民經濟學的規律，工人在他的對象中的異化表現在：工人生產得越多，他能夠消費的越少；他創造價值越多，他自己越沒有價值、越低賤；工人的產品越完美，工人自己越畸形；工人創造的對象越文明，工人自己越野蠻；勞動越有力量，工人越無力：勞動越機巧，工人越愚鈍，越成爲自然界的奴隸。）

國民經濟學以不考察工人（即勞動）**同產品的直接關係來掩蓋勞動本質的異化**。當然，勞動爲富人生產了奇蹟般的東西，但是爲工人生產了赤貧。勞動創造了宮殿，但是給工人創造了貧民窟。勞

動創造了美，但是使工人變成畸形。勞動用機器代替了手工勞動，但是使一部分工人回到野蠻的勞動，並使一部分工人變成機器。勞動生產了智慧，但是給工人生產了愚鈍和痴呆。

　　勞動同它的產品的直接關係，是工人同他的生產的對象的關係。有產者同生產對象和生產本身的關係，不過是前一種關係的**結果**的證實。對問題的這另一個方面我們將在後面加以考察。

　　因此，當我們問勞動的本質關係是什麼的時候，我們問的是**工人**同生產的關係。

　　以上我們只是從工人**同他的勞動產品的關係**這個方面，考察了工人的異化、外化。但異化不僅表現在結果上，而且表現在**生產行爲**中，表現在生產活動本身中。如果工人不是在生產行爲本身中使自身異化，那麼工人怎麼會同自己活動的產品像同某種異己的東西那樣相對立呢？產品不過是活動、生產的總結。因此，如果勞動的產品是外化，那麼生產本身就必然是能動的外化，或活動的外化，外化的活動。在勞動對象的異化中不過總結了勞動活動本身的異化、外化。

　　那麼，勞動的外化表現在什麼地方呢？

　　首先，勞動對工人說來是**外在的東西**，也就是說，不屬於他的本質的東西；因此，他在自己的勞動中不是肯定自己，而是否定自己，不是感到幸福，而是感到不幸，不是自由地發揮自己的體力和智力，而是使自己的肉體受折磨、精神遭摧殘。因此，工人只有在勞動之外才感到自在，而在勞動中則感到不自在，他在不勞動時覺得舒暢，而在勞動時就覺得不舒暢。因此，他的勞動不是自願的勞動，而是被迫的**強制勞動**。因而，它不是滿足勞動需要，而只是滿足勞動需要以外的需要的一種**手段**。勞動的異化性質明顯地表現在，

只要肉體的強制或其他強制一停止，人們就會像逃避鼠疫那樣逃避勞動。外在的勞動，人在其中使自己外化的勞動，是一種自我犧牲、自我折磨的勞動。最後，對工人說來，勞動的外在性質，就表現在這種勞動不是他自己的，而是別人的；勞動不屬於他；他在勞動中也不屬於他自己，而是屬於別人。在宗教中，人的幻想、人的頭腦和人的心靈的自主活動對個人發生作用是不取決於他個人的，也就是說，是作爲某種異己的活動，神靈的或魔鬼的活動的，同樣，工人的活動也不是他的自主活動[35]。他的活動屬於別人，這種活動是他自身的喪失。

結果，人（工人）只有在運用自己的動物機能——吃、喝、性行爲，至多還有居住、修飾等等的時候，才覺得自己是自由活動，而在運用人的機能時，却覺得自己不過是動物。動物的東西成爲人的東西，而人的東西成爲動物的東西。

吃、喝、性行爲等等，固然也是眞正的人的機能。但是，如果使這些機能脫離了人的其他活動，並使它們成爲最後的和唯一的終極目的，那麼，在這種抽象中，它們就是動物的機能。

我們從兩個方面考察了實踐的人的活動即勞動的異化行爲。第一，工人同**勞動產品**這個異己的、統治著他的對象的關係。這種關係同時也是工人同感性的外部世界、同自然對象這個異己的與他敵對的世界的關係。第二，在**勞動**過程中勞動同**生產行爲**的關係。這種關係是工人同他自己的活動——一種異己的、不屬於他的活動——的關係。在這裡，活動就是受動；力量就是虛弱；生殖就是去勢；工人**自己的**體力和智力，他個人的生命（因爲，生命如果不是活動，又是什麼呢？）就是不依賴於他、不屬於他、轉過來反對他自身的活動。這就是**自我異化，**而上面所談的是**物**的異化。

[XXIV] 我們現在還要根據**異化勞動**的已有的兩個規定推出它的第三個規定。

人是類存在物，不僅因爲人在實踐上和理論上都把類——自身的類以及其他物的類——當作自己的對象；而且因爲——這只是同一件事情的另一種說法——人把自身當作現有的、有生命的類來對待，當作**普遍的**因而也是自由的存在物來對待。**36**

無論是在人那裡還是在動物那裡，類生活從肉體方面說來就在於人（和動物一樣）靠無機界生活，而人和動物相比越有普遍性，人賴以生活的無機界的範圍就越廣闊。從理論領域說來，植物、動物、石頭、空氣、光等等，一方面作爲自然科學的對象，一方面作爲藝術的對象，都是人的意識的一部分，是人的精神的無機界，是人必須事先進行加工以便享用和消化的精神食糧；同樣，從實踐領域說來，這些東西也是人的生活和人的活動的一部分。人在肉體上只有靠這些自然產品才能生活，不管這些產品是以食物、燃料、衣著的形式還是以住房等等的形式表現出來。在實踐上，人的普遍性正表現在把整個自然界——首先作爲人的直接的生活資料，其次作爲人的生命活動的材料、對象和工具——變成人的**無機的**身體。自然界，就它本身不是人的身體而言，是人的**無機的**身體。人靠自然界**生活**。這就是說，自然界是人爲了不致死亡而必須與之不斷交往的、人的**身體**。所謂人的肉體生活和精神生活同自然界相聯繫，也就等於說自然界同自身相聯繫，因爲人是自然界的一部分。

異化勞動，由於(1)使自然界，(2)使人本身，他自己的活動機能，他的生命活動同人相異化，也就使**類**同人相異化；它使人把**類生活**變成維持個人生活的手段。第一，它使類生活和個人生活異化；第二，把抽象形式的個人生活變成同樣是抽象形式和異化形式的類生

活的目的[37]。

因爲，首先，勞動這種**生命活動**、這種**生產生活**本身對人說來不過是滿足他的需要即維持肉體生存的需要的**手段**。而生產生活本來就是類生活。這是產生生命的生活。一個種的全部特性、種的類特性就在於生命活動的性質，而人的類特性恰恰就是自由的有意識的活動。生活本身却僅僅成爲**生活的手段**。

動物和它的生命活動是直接同一的。動物不把自己同自己的生命活動區別開來。它就是**這種生命活動**。人則使自己的生命活動本身變成自己的意志和意識的對象。他的生命活動是有意識的。這不是人與之直接融爲一體的那種規定性。有意識的生命活動把人同動物的生命活動直接區別開來。正是由於這一點，人才是類存在物。或者說，正因爲人是類存在物，他才是有意識的存在物，也就是說，他自己的生活對他是對象。僅僅由於這一點，他的活動才是自由的活動。異化勞動把這種關係顚倒過來，以至人正因爲是有意識的存在物，才把自己的生命活動，自己的**本質**變成僅僅維持自己**生存**的手段。

通過實踐創造**對象世界**，即**改造**無機界，人證明自己是有意識的類存在物，也就是這樣一種存在物，它把類看作自己的本質，或者說把自身看作類存在物。誠然，動物也生產。它也爲自己營造巢穴或住所，如蜜蜂、海狸、螞蟻等。但是動物只生產它自己或它的幼仔所直接需要的東西；動物的生產是片面的，而人的生產是全面的，動物只是在直接的肉體需要的支配下生產，而人甚至不受肉體需要的支配也進行生產，並且只有不受這種需要的支配時才進行眞正的生產；動物只生產自身，而人再生產整個自然界；動物的產品直接同它的肉體相聯繫，而人則自由地對待自己的產品。動物只是

按照它所屬的那個種的尺度和需要來建造，而人却懂得按照任何一個種的尺度來進行生產，並且懂得怎樣處處都把內在的尺度運用到對象上去；因此，人也按照美的規律來建造。

因此，正是在改造對象世界中，人才眞正地證明自己是**類存在物**。這種生產是人的能動的類生活。通過這種生產，自然界才表現爲**他的**作品和他的現實。因此，勞動的對象是**人的類生活**的**對象化**：人不僅像在意識中那樣在精神上使自己二重化，而且能動地、現實地使自己二重化，從而在他所創造的世界直觀自身。因此，異化勞動從人那裡奪去了他的生產對象，也就從人那裡奪去了他的**類生活**，即他的現實的、類的對象性，把人對動物所具有的優點變成缺點，因爲從人那裡奪走了他的無機的身體即自然界。

同樣，異化勞動把自主活動、自由活動貶低爲手段，也就把人的類生活變成維持人的肉體生存的手段。

因而，人具有的關於他的類的意識也由於異化而改變，以致類生活對他說來竟成了手段。

這樣一來，異化勞動造成下面這一結果：

(3)**人的類本質**——無論是自然界，還是人的精神的類能力——變成對人來說是**異己的**本質，變成維持他的**個人生存的手段**。異化勞動使人自己的身體，同樣使他之外的自然界，使他的精神本質，他的**人的**本質同人相異化。

(4)人同自己的勞動產品、自己的生命活動、自己的類本質相異化這一事實所造成的直接結果就是**人同人相異化**。當人同自身相對立的時候，他也同**他**人相對立。凡是適用於人同自己的勞動、自己的勞動產品和自身的關係的東西，也都適用於人同他人、同他人的勞動和勞動對象的關係。

總之，人同他的類本質相異化這一命題，說的是一個人同他人相異化，以及他們中的每個人都同人的本質相異化。

人的異化，一般地說人同自身的任何關係，只有通過人同其他人的關係才得到實現和表現。

因而，在異化勞動的條件下，每個人都按照他本身作爲工人所處的那種關係和尺度來觀察他人。

[XXV] 我們已經從經濟事實即工人及其產品的異化出發。我們表述了這一事實的概念：**異化的、外化的**勞動。我們分析了這一概念，因而我們只是分析了一個經濟事實。

現在我們要進一步考察異化的、外化的勞動這一概念在現實中必須怎樣表達和表現。

如果說勞動產品對我說來是異己的，是作爲異己的力量同我相對立，那麼，它到底屬於誰呢？

如果我自己的活動不屬於我，而是一種異己的活動、被迫的活動，那麼，它到底屬於誰呢？

屬於有別於我的**另一個**存在物。

這個存在物是誰呢？

是**神**嗎？確實，起初主要的生產活動，如埃及、印度、墨西哥的神殿建造等等，是爲了供奉神的，而產品本身也是屬於神的。但是，神從來不單獨是勞動的主人。**自然界**也不是主人。而且，下面這種情況會多麼矛盾：人越是通過自己的勞動使自然界受自己支配，神的奇蹟越是由於工業的奇蹟而變成多餘，人就越是不得不爲了討好這些力量而放棄生產的歡樂和對歡樂和對產品的享受！

勞動和勞動產品所歸屬的那個**異己的**存在物，勞動爲之服務和勞動產品供其享受的那個存在物，只能是**人**本身。

　　如果勞動產品不屬於工人，並作爲一種異己的力量同工人相對立，那麼，這只能是由於產品屬於**工人之外的另一個人**。如果工人的活動對他本身來說是一種痛苦，那麼，這種活動就必然給另一個人帶來**享受**和歡樂。不是神也不是自然界，只有人本身才能成爲統治人的異己力量。

　　還必須注意上面提到的這個命題；人同自身的關係只有通過他同他人的關係，才成爲對他說來是**對象性的、現實的**關係。因此，如果人同他的勞動產品即對象化勞動的關係，就是同一個**異己的、敵對的**、強有力的、不依賴於他的對象的關係，那麼，他同這一對象所以發生這種關係就在於有另一個異己的、敵對的、強有力的、不依賴於他的人是這一對象的主人。如果人把自身的活動看作一種不自由的活動，那麼，他是把這種活動看作替他人服務的、受他人支配的、處於他人的強迫和壓制之下的活動。

　　人同自身和自然界的任何自我異化，都表現在他使自身和自然界跟另一個與他不同的人發生的關係上。因此，宗教的自我異化也必然表現在俗人同僧侶或者俗人同耶穌基督（因爲這裡涉及精神世界）等等的關係上。在實踐的、現實世界中，自我異化只有通過同其他人的實踐的、現實的關係才能表現出來。異化借以實現的手段本身就是**實踐的**。因此，通過異化勞動，人不僅生產出他同作爲異己的、敵對的力量生產對象和生產行爲的關係，而且生產出其他人同他的生產和他的產品的關係，以及他同這些人的關係。正像他把他自己的生產變成自己的非現實化，變成對自己的懲罰一樣，正像他喪失掉自己的產品並使它變成不屬於他的產品一樣，他也生產出不生產的人對生產和產品的支配。正像他使他自己的活動同自身相異化一樣，他也使他人占有非自身的活動。

上面，我們只是從工人方面考察了這一關係；下面我們還要從非工人方面來加以考察。

總之，通過**異化的、外化的勞動**，工人生產出一個跟勞動格格不入的、站在勞動之外的人同這個勞動的關係。工人同勞動的關係，生產出資本家（或者不管人們給雇主起個什麼別的名字）同這個勞動的關係。從而，**私有財產**是**外化勞動**即工人同自然界和自身的外在關係的產物、結果和必然後果。

因此，我們通過分析，從**外化勞動**這一概念，即從**外化的人**、異化勞動、異化的生命、**異化的人**這一概念得出**私有財產**這一概念。

誠然，我們從國民經濟學得到作為**私有財產運動**之結果的**外化勞動（外化的生命）**這一概念。但是對這一概念的分析表明，與其說私有財產表現為外化勞動的根據和原因，還不如說它是外化勞動的結果，正像神**原先**不是人類理性迷誤的原因，而是人類理性迷誤的結果一樣。後來，這種關係就變成相互作用的關係。

私有財產只有發展到最後的、最高的階段，它的這個秘密才重新暴露出來，私有財產一方面是外化勞動的**產物**，另一方面又是勞動借以外化的**手段，是這一外化的實現**。

這些論述使至今沒有解決的各種矛盾立刻得到闡明。

(1)國民經濟學雖然從勞動是生產的真正靈魂這一點出發，但是它沒有給勞動提出任何東西，而是給私有財產提供了一切。蒲魯東從這個矛盾得出了有利於勞動而不利於私有財產的結論。然而我們看到，這個表面的矛盾是**異化勞動**同自身的矛盾，而國民經濟學只不過表達了異化勞動的規律罷了。

因此，我們也看到**工資**和**私有財產**是同一的，因為用勞動產品、勞動對象來償付勞動本身的工資，不過是勞動異化的必然的後果，

因為在工資中，勞動本身不表現為目的本身，而表現為工資的奴僕。下面我們要詳細說明這個問題，現在不過再出現作出 [XXVI] 幾點結論。

強制**提高工資**（不談其他一切困難，也不談這種強制提高工資作為一種反常情況，也只有靠強制才能維持），無非是**給奴隸以較多報酬**，而且既不會使工人也不會使勞動獲得人的身分和尊嚴。

甚至蒲魯東所要求的**工資平等**，也只能使今天的工人同他的勞動的關係變成一切同勞動的關係。這時社會就被理解為抽象的資本家。**38**

工資是異化勞動的直接結果，而異化勞動是私有財產的直接原因。因此，隨著一方衰亡，另一方也必然衰亡。

(2)從異化勞動私有財產的關係可以進一步得出這樣的結論：社會從私有財產等等的解放、從奴役制的解放，是通過**工人解放**這種**政治**形式表現出來的，而且這裡不僅涉及工人的解放，因為工人的解放包含全人類的解放；其所以如此，是因為整個人類奴役制就包含在工人同生產的關係中，而一切奴役關係只不過是這種關係的變形和後果罷了。

正如我們通過**分析**從**異化的、外化的勞動**的概念得出**私有財產**的概念一樣，我們也可以藉助這兩個因素來闡明國民經濟學的一切**範疇**，而且我們將發現其中每一個範疇，例如商業、競爭、資本、貨幣，不過是這兩個基本因素的**特定的、展開了的表現**而已。

但是在考察這些範疇的形成以前，我們還打算解決兩個任務：

(1)從私有財產同**真正人的和社會的財產**的關係來說明作為異化勞動的結果的**私有財產**的普遍**本質**。

(2)我們已經承認**勞動的異化、外化**這個事實，並對這一事實進

行了分析。現在要問，**人怎麼使他的勞動外化、異化**？這種異化又怎麼以人的發展的本質爲根據？我們把**私有財產的起源**問題**變爲異化勞動**同人類發展進程的關係問題，也就爲解決這一任務得到了許多東西。因爲當人們談到**私有財產**時，認爲他們談的是人之外的東西。而當人們談到勞動時，則認爲是直接談到人本身。問題的這種新的提法本身就已包含問題的解決。

　　補入⑴私有財產的普遍本質以及私有財產同眞正人的財產的關係。

　　這裡外化勞動分解爲兩個組成部分，它們互相制約，或者說它們只是同一種關係的不同表現，**占有**表現爲**異化、外化**，而**外化**表現爲**佔有**，異化表現爲眞正得到**公民權**。

　　我們已經考察了一個方面，考察了**外化勞動同工人本身的關係**，也就是說，考察了**外化勞動同自身的關係**。我們發現，這一關係的產物或必然結果是**非工人同工人和勞動的財產關係**。**私有財產**作爲外化勞動的物質的、概括的表現，包含著這兩種關係：**工人同勞動、自己的勞動產品和非工人的關係**，以及**非工人同工人和工人勞動產品**的關係。

　　我們已經看到，對於通過勞動**占有**自然界的工人說來，占有就表現爲異化，自主活動表現爲替他人活動和他人的活動，生命過程表現爲生命的犧牲，對象的生產表現爲對象的喪失，即對象轉歸異己力量、**異己的**人所有。現在我們就來考察一下這個對勞動和工人是**異己的**人同工人、勞動和勞動對象的關係。

　　首先必須指出，凡是在工人那裡表現爲**外化、異化的活動的**在非工人那裡都表現爲**外化、異化的狀態**。

　　其次，工人在生產中的**現實的、實踐的態度**，以及他對產品的

態度(作爲一種精神狀態)，在同他相對立的非工人那裡表現爲**理論的**態度。

　　[XXVII]**第三**，凡是工人做的對自身不利的事，非工人都對工人做了，但是，非工人做的對工人不利的事，他對自身却不做。

　　我們來進一步考察這三種關係。[XXVII]

［第二手稿］

［私有財產的關係］

　　[……][XL] 構成他的資本的利息[39]。因此，資本是完全失去自身的人這種情況在工人身上主觀地存在著，正像勞動是失去自身的人這種情況在資本身上客觀地存在著一樣。但是**工人**不幸而成為一種**活的**、因而是**貧困的**資本，這種資本只要一瞬間不勞動便失去自己的利息，從而也失去自己的生存。作為資本，工人的**價值**按照需求和供給而增長，而且，**從肉體上說來**，他的**存在**、他的**生命**也同其他任何商品一樣，過去和現在都被看成是**商品**的供給。工人生產資本，資本生產工人，因而工人生產自身，而且人作為**工人**、作為**商品**就是這整個運動的產物。人只不過是**工人**，並且作為工人，他只具有對他是**異己的**資本所需要的那些人的特性。但是因為資本和工人彼此是異己的，從而處於漠不關心的、外部和偶然的相互關係中，所以，這種異己性也必然**現實地**表現出來。因此，資本一旦想到——不管是必然地還是任意地想到——不再對工人存在，工人自己對自己說來便不再存在：他**沒有**工作，因而也**沒有**工資，並且因為他不是**作為人**，而是**作為工人**存在，所以他就會被人埋葬，會餓死，等等。工人只有當他**對自己**作為資本存在的時候，才作為工人存在；而他只有當某種**資本對他**存在的時候，才作為資本存在。資本的存在就是**他的**存在、他的**生活**，資本的存在以一種他無法干

預的方式來規定他的生活的內容。因此，國民經濟學不知道有失業的工人，不知道有處於勞動關係之外的勞動人。小偷、騙子、乞丐，失業的、快餓死的、貧窮的和犯罪的勞動人，他們都是些在**國民經濟學看來**並不存在，而只有在其他人眼中，在醫生、法官、掘墓人、乞丐管理人等等的眼中才存在的**人物**；他們是一些國民經濟學領域之外遊蕩的幽靈。因此，在國民經濟學看來，工人的需要不過是維持**工人在勞動期間**的生活的**需要**，而且只限於保持**工人後代**不致死絕的程度。因此，工資就與其他任何生產工具的**保養**和**維修**，與資本連同利息的再生產所需要的一般**資本的消費**，與爲了保持車輪運轉而加的潤滑油，具有完全相同的意義。可見，工資是資本和資本家的必要**費用**之一，並且不得超出這個必要的界限。因此，英國工廠主在 1834 年實行新濟貧法 **40** 以前，把工人靠濟貧稅得到的社會救濟金從他的工資中扣除，並且把這種救濟金看作工資的一個組成部分，這種做法是完全合乎邏輯的。

　　生產不僅把人當作**商品**、當作**商品人**、當作具有**商品**的規定的人生產出來；它依照這個規定把人當作**精神上**和肉體上**非人化的**存在物生產出來。——工人和資本家的不道德、退化、愚鈍。——這種生產的產品是**自我意識的**和**自我活動的商品**……商品**人**……李嘉圖、穆勒等人比斯密和薩伊進了一大步，他們把人的**存在**——人生產這種商品的或高或低的生產率——說成是**無關緊要的**，甚至是**有害的**。照他們看來，生產的真正目的不是一筆資本養活多少工人，而是它帶來多少利息，每年總共**積攢**多少錢。同樣，現代 [XLI] 英國國民經濟學 **41** 的一個合乎邏輯的大進步是，它把**勞動**提高爲國民經濟學的**唯一**原則，同時十分清楚地揭示了工資和資本利息之間的**反**比例關係，指出資本家通常**只有**通過降低工資才能增加收益，反

之則降低收益。不是對消費者詐取，而是資本家和工人彼此詐取，才是**正常的**關係。——私有財產的關係潛在地含著作爲**勞動**的私有財產的關係和作爲**資本**的私有財產的關係，以及這兩種表現的相互**關係**。一方面是作爲**勞動**，即作爲對自身、對人和自然界因而也對意識和生命表現說來完全異己的活動的人的活動生產，是人作爲單純的**勞動人**的**抽象**存在，因而這種勞動人每天都可能由他的充實的無淪爲絕對的無，淪爲他的社會的因而也是現實的非存在。另一方面是作爲**資本**的人的活動的對象的生產，在這裡對象的一切自然的社會的規定性都**消失了**，在這裡私有財產喪失了自己的自然的和社會的性質（因而也喪失了一切政治的和社會的幻象，甚至連**表面上的**人的關係也沒有了），在這裡**同一個**資本在各種不同的自然的和社會的存在中始終是**同一**的，而完全不管它的**現實**內容如何。勞動和資本的這種對立一達到極限，就必然成爲全部私有財產關係的頂點、最高階段和滅亡。

因此，現代英國國民經濟學的又一重大成就是：它指明了地租是最壞耕地的利息和最好耕地的利息之間的差額，揭示了土地所有者的浪漫主義幻想——他的所謂社會重要性和所謂他的利益同社會利益的一致性，而這一點是**亞當·斯密**[29]繼重農學派之後主張過的；它預料到並且準備了這樣一個現實的運動：使土地所有者變成極其普通的、平庸的資本家，從而使對立單純化和尖銳化，並加速這種對立的消滅。這樣一來，作爲**土地**的**土地**，作爲**地租**的**地租**，就失去自己的**等級的差別**而變成根本不講話的，或者毋寧說，只用貨幣語言來講話的**資本**和**利息**。——資本和土地的**差別**，利潤和地租的**差別**，這二者和工資的**差別**，**工業**和**農業**之間、私有的**不動產和動產**之間的**差別**，仍然是**歷史的**差別，而不是基於事物本質的差別。

這種差別是資本和勞動的對立歷史地形成和產生的一個**固定**環節。同不動的地產相反，在工業等等中只表現出工業產生的方式以及工業在其中得到發展的那個同農業的對立。這種差別只要在下述情況下就作爲**特殊**種類的勞動，作爲**一個本質的、重要的、包括全部生活的**差別而存在：工業（城市生活）同地產（封建的貴族生活）**對立**而形成，並且本身通過壟斷、行會、同業公會和社團等形式還帶有自己對立物的封建性質；而在這些形式的規定內，勞動還具有**表面上的社會**意義，**實際的**共同體的意義，還沒有達到對自己的內容**漠不關心**以及完全自爲的存在的地步，也就是說，還沒有從其他一切存在中抽象出來，從而也還沒有成爲**獲得行動自由的**資本。

[XLII]但是，獲得行動自由的、本身有單獨構成的**工業和獲得行動自由的資本**是勞動的必然**發展**。工業對它的對立面的支配立即表現在作爲眞正工業活動的**農業**的產生上，而過去農業是把主要工作交給土地和耕種這塊土地的**奴隸**去做的。隨著奴隸轉化爲**自由**工人即**雇佣工人**，地主本身便實際上轉化爲工廠主、資本家，而這種轉化最初是通過**租地農場主**這個中介環節實現的。但是，**租地農場主**是土地所有者的代表，是土地所有者的公開**秘密**；只有依靠租地農場主，土地所有者才有**經濟上**的存在，才作爲私有者存在，——因爲他的土地的地租只有依靠租地農場主的競爭才能獲得。因此，地主通過**租地農場主**本質上已**變成普通的**資本家。而這種情況也必然在現實中發生：經營農業的資本家即租地農場主必然要成爲地主，或者相反。租地農場主的**工業牟利**就是**土地所有者**的工業牟利，因爲前者的存在決定後者的存在。

但是，他們回想起對方的產生，回想起自己的來歷：土地所有者把資本家看作自己的驕傲起來的、獲得行動自由的、發了財的、

昨天的奴隸，並且看出他對自己這個**資本家**的威脅；而資本家則把
土地所有者看作自己遊手好閒的、殘酷無情的和自私自利的、昨天
的主人；他知道土地所有者使他這個資本家受損害，雖然土地所有
者今天的整個社會地位、財產和享受都應歸功於工業；資本家把土
地所有者看成**自由的**工業和擺脫任何自然規定的**自由的**資本的直接
對立面。他們之間的這種對立是極其激烈的，並且雙方相互揭了眞
相。只要看一看不動產對動產的攻擊和相反的攻擊，就對雙方的卑
鄙性有一個明確的概念。土地所有者炫耀他的財產的貴族淵源、封
建的往昔、懷舊、他的詩意的回憶、他的幻想氣質、他的政治上的
重要性等等，而如果他用國民經濟學的語言來表達，那麼他就會說：
只有農業才是生產的。同時，他把自己的對手描繪爲狡猾的、鑽營
的、拉人下水的騙子，利欲熏心的出賣靈魂的人；圖謀不軌的、沒
有心肝和喪盡天良的、離經叛道和肆意出賣社會利益的投機販子、
高利貸者、牽線人、奴才；花言巧語的馬屁精；冷酷無情地製造、
培養和鼓吹競爭、貧困和犯罪的，敗壞一切社會綱紀的，沒有廉耻、
沒有原則、沒有詩意、沒有實體、心靈空虛的**金錢拐騙者**（見其中
的重農學派**貝爾加斯**的著作，對他，卡米爾·德穆蘭在自己的雜誌
《法國革命和布拉班特革命》中曾經嚴厲批評過；並見馮·芬克、
蘭齊措勒、哈勒、利奧①、科瑟加頓以及**西斯蒙第**的著作）。動產也
顯示工業和運動的奇蹟，它是現代之子，現代的嫡子；它可憐自己

---

① 見愛好誇張的老年黑格爾派神學家**豐克**的著作，他眼含熱淚，引用利奧先生的話
　說，在廢除農奴制時一個奴隸如何不肯不再充當**貴族的財產**。並見**尤斯圖斯·默
　澤爾**的《愛國主義的幻想》，這些幻想的特色是它們一刻也沒有超出循規蹈矩的庸
　人的那種小市民的、「**家傳的**」、平庸的狹隘眼界；雖然如此，它們仍然不失爲**純
　粹的**幻想。這個矛盾也使這些幻想如此投合德國人的口味。

的對手是一個**不理解**自己本質（而這是完全對的），想用粗野的、不道德的暴力和農奴制來代替道德的資本和自由的勞動的蠢人；它把他描繪成用**正直、誠實、爲公共利益服務、堅貞不渝**這些假面具來掩蓋其缺乏活動能力、貪得無厭的享樂欲、自私自利、斤斤計較和居心不良的唐·吉訶德。它宣布它的對手是詭計多端的**壟斷者**；它用揭底和嘲諷的口氣歷數他的以羅曼蒂克的城堡爲溫床的下流、殘忍、揮霍、淫逸、寡廉鮮恥、無法無天和大逆不道，來給他的懷舊、他的詩意、他的幻想澆冷水。

[XLIII] 據說，動產已經使人民獲得了政治自由，解脫了束縛市民社會的桎梏，把世界連成一體，創造了博愛的商業、純粹的道德、溫文爾雅的教養；它給人民以文明的需要來代替粗陋的需要，並提供了滿足需要的手段；而土地所有者這個遊手好閒的、只會搗蛋的糧食奸商則抬高人民最必需的生活資料的價格，從而迫使資本家提高工資而不能提高生產力；因此，土地所有者妨礙國民年收入的增長，阻礙資本的積累，從而減少人民就業和國家增加財富的可能性；最後使這種可能性完全消失，引起普遍的衰退，並且像高利貸一樣貪婪地剝削現代文明的**一切**利益，而沒有對它作絲毫貢獻，甚至不放棄自己的封建偏見。最後，讓土地所有者看一看自己的**租地農場主**——對土地所有者來說，農業和土地本身僅僅作爲賜給他的財源而存在，——並且讓他說說，他是不是這樣一個**僞善的、幻想的、狡猾的無賴**：不管他曾怎樣反對工業和商業，也不管他曾怎樣絮絮叨叨地數說歷史的回憶以及倫理的和政治的目的，他早已在內心深處並且在實際上屬於**自由的**工業和**可愛的**商業了。土地所有者實際上提出替自己辯護的一切，只有用在**耕作者**（資本家和雇農）身上才是對的，而**土地所有者**不如說是耕作者的**敵人**；因此，土地

所有者作了不利於自身的論證。據說，**沒有**資本，地產就是死的、無價值的物質。據說，資本的文明的勝利恰恰在於，資本發現並促使人的勞動代替死的物而成爲財富的源泉。（見保爾·路易·古利耶、聖西門、加尼耳、李嘉圖、穆勒、麥克庫洛赫、德斯杜特·德·特拉西和米歇爾·舍伐利埃的著作。）

從**現實的**發展進程中（這裡揷一句）必然產生出**資本家**對**土地所有者**的勝利，即發達的私有財產對不發達的、不完全的私有財產的勝利，正如一般說來運動必然戰勝不動，公開的、自覺的卑鄙行爲必然戰勝隱蔽的、不自覺的卑鄙行爲，**貪財欲必然戰勝享樂欲**，公然無節制的、圓滑的、**開明的**利己主義必然戰勝地方的、世故的、呆頭呆腦的、懶散的、幻想的、**迷信的利己主義，貨幣**必然戰勝其他形式的私有財產一樣。

那些多少覺察到完成的自由工業、完成的純粹道德和完成的博愛商業的危險的國家，企圖阻止地產變成資本，但是完全白費力氣。

與資本不同，**地產**是還帶有**地方的**政治的偏見的私有財產、資本，是還沒有完全擺脫周圍世界的糾纏而達到自身的資本，即還**沒有完成的**資本。資本必然要在它的**世界發展**過程中達到它的抽象的即**純粹的**表現。

私有財產的關係是勞動、資本以及二者的關係。這個關係的各個成分所必定經歷的運動是：

第一──二者直接的或間接的統一。

起初，資本和勞動還是統一的；後來，它們雖然分離和異化，却作爲**積極的**條件而互相促進和互相推動。

［第二］──二者的對立。它們互相排斥；工人把資本家看作自己的非存在，反過來也是這樣；雙方都力圖剝奪對方的存在。

[第三]——二者各自同自身**對立**。資本＝積累勞動＝勞動。作爲這樣的東西，資本分解爲**自身**和自己的**利息，**而利息又分解爲**利息和利潤**。資本家完全成爲犧牲品。他淪爲工人階級，正像工人——但是例外地——成爲資本家一樣。勞動是資本的要素，是資本的**費用**。因而，工資是資本的犧牲。

勞動分解爲**自身**和**工資**。工人本身是資本、商品。

敵對性的相互對立。[XLIII]

[第三手稿]

[國民經濟學中反映的
私有財產的本質]

[I]　**補入第 XXXVI 頁**[42]。——私有財產的**主體本質**，作爲自
爲的活動、作爲**主體**作爲**個人**的**私有財產**，就是**勞動**，因而，十分
明顯，只有那種把**勞動**視爲自己的原則（**亞當・斯密**），也就是說，
不再認爲私有財產僅僅是人之外的一種**狀態**的國民經濟學，才應該
被看成私有財產的現實**能量**和現實**運動**的產物（這種國民經濟學是
在意識中形成的、私有財產的獨立運動，是現代工業本身），現代**工**
業的產物；而另一方面，正是這種國民經濟學促進並贊美了這發**工**
業的能量和發展，使之變成**意識**的力量。因此，在這種揭示了——在
私有制範圍內——財富的**主體本質**的啓蒙國民經濟學看來，那些認
爲私有財產對人來說**僅僅是對象性**的本質的貨幣主義者和重商主義
者，是一些**拜物教徒、天主教徒**[43]。所以，**恩格斯把亞當・斯密**叫
做**國民經濟學的路德**[44]是對的。正像路德承認**宗教、信仰**爲外部**世**
界的本質並以此反對天主教異教一樣，正像他把宗教觀念變成人的
內在本質，從而揚棄了**外在的**宗教觀念一樣，正像他把教士移到俗
人心中，因而否定了俗人之外的教士一樣，由於私有財產體現爲人
本身，而人本身被認爲是私有財產的本質，因而在人之外並且不依
賴於人的財富，也就是只以外在方式來保存和保持的財富被揚棄了，
換言之，財富的這種**外在的、無思想的對象性**就被揚棄了，但正因

爲這個緣故，人本身被當成了私有財產的規定，就像在路德那裡被當成了宗教的規定一樣。因此，以勞動爲原則的國民經濟學，在承認人的假象下，毋寧說不過是徹底實現對人的否定而已，因爲人本身已不再同私有財產的外在本質處於外部的緊張關係中，而人本身卻成了私有財產的這種緊張的本質。以前是人**之外的存在**、人的實際外化的東西，現在僅僅變成了外化的行爲，變成了外在化。因此，如果說上述國民經濟學是在承認人、人的獨立性、自主活動等等的假象下開始，並由於把私有財產轉爲人自身的本質而能夠不再束縛於作爲**存在於人之外的本質的私有財產的那些**地方性的、民族的等等的**規定**，從而使一種**世界主義的**、普遍的、摧毀一切界限和束縛的能量發展起來，以便自己作爲**唯一的**政策、普遍性、界限和束縛取而代之，——那麼，國民經濟學在它往後的發展過程中必定拋棄這種**僞善性**，而使自己的**犬儒主義充分**表現出來。它實際上也是這樣做的它不顧這種學說使它陷入的那一切明顯的矛盾，更加**片面地**，因而也是**更加明確和徹底地**發揮了關於**勞動**是**財富**的唯一**本質**的論點，然而它表明，這個學說的結論與上述原來的觀點相反，是**敵視人的**；最後，它還致命地打擊了私有財產和財富的最後一個**個別的**、**自然的**、不依賴於勞動運動的存在形式即**地租**，打擊了這種成了完全經濟的東西，因而對國民經濟學無法反抗的封建所有制的表現。

（**李嘉圖**學派。）從斯密經過薩伊到李嘉圖、穆勒等等，國民經濟學的**犬儒主義**不僅相對地增長了（因爲**工業**所造成的後果在後面這些人面前以更發達和更充滿矛盾的形式表現出來），而且肯定地說，他們總是自覺地在人的異化方面比他們的先驅者走得更遠，但這**只是**因爲他們的科學發展得更加徹底、更加眞實罷了。因爲他們把具有活動形式的私有財產變爲主體，就是說，既把人變爲本質，同時也

把作爲某種非存在物 [Unwesen] 的人變爲本質，所以，現實中的矛盾就完全符合他們視爲原則的那個充滿矛盾的本質。支離破碎的**工業** [II] **現實**不僅沒有推翻，相反地，卻證實了他們的**自身支離破碎的原則**。他們的原則本來就是這種支離破碎狀態的原則。

　　魁奈醫生的重農主義學說是從重商主義到亞當・斯密的過渡。**重農學派**直接是封建所有制**在國民經濟學上的**解體，但正因爲如此，它同樣直接是封建所有制**在國民經濟學上的變革**、恢復，不過它的語言這時不再是封建的，而是經濟學的了。全部財富被歸結爲**土地**和**耕作**（農業）。土地還不是**資本**，它還是資本的一種**特殊的**存在形式，這種存在形式是在它的自然特殊性中並且**由於**它的這種自然特殊性，才具有意義。但土地畢竟是一種普遍的自然的**要素**，而重商主義只承認**貴金屬**是財富的存在。因此，財富的**對象**、財富的材料立即獲得了**自然界範圍內**的最高普遍性，因爲它們作爲**自然界**仍然是直接對象性的財富。而土地只有通過勞動、耕種才對**人**存在。因而，財富的主體本質已經移入勞動中。但農業同時被宣布是**唯一的生產的**勞動。因此，勞動還不是從它的普遍性和抽象性上來理解的，它還是同一種**作爲它的材料的**特殊**自然要素**結合在一起的，因此它還是僅僅在一種**特殊的、自然規定的存在形式**中被認識的。所以，勞動不過是人的一種**特定的、特殊的**外化，正像勞動產品還被看作一種特定的——與其說來源於勞動本身，不如說來源於自然界的——財富一樣。在這裡，土地還被看作不依賴於人的自然存在，還沒有被看作資本，也就是說，還沒有被看作勞動本身的要素。相反地，勞動卻表現爲**土地**的要素。但是，因爲這裡把過去的僅僅作爲對象存在的外部財富的拜物教歸結爲一種極其簡單的自然要素，而且已經承認——雖然只是部分地、以一種特殊的方式承認——財富

的本質就在於財富的主體的存在，所以，認識財富的**普遍本質**，並因此把具有完全絕對性即抽象性的**勞動**提高為**原則**，是一個必要的進步。人們向重農學派證明，從經濟學觀點即唯一合理的觀點來看，**農業**同其他一切生產部門毫無區別，因而，財富的**本質**不是某種**特定的**勞動，不是與某種特殊要素結合在一起的、某種特殊的勞動表現，而是**一般勞動**。

重農學派既然把勞動宣布為財富的**本質**，也就否定了**特殊的**、外在的、僅僅是對象性的財富。但是，在重農學派看來，勞動首先只是地產的**主體本質**（重農學派是以那種在歷史上占統治地位並得到公認的財產為出發點的）；他們認為，只有地產才成為**外化的人**。他們既然把**生產**（農業）說成是地產的**本質**，也就消除了地產的封建性質；但由於他們宣布**農業是唯一的**生產，他們對工業世界持否定態度，並且承認封建制度。

十分明顯，那種與地產相對立的、即作為工業而確立下來的工業的**主體本質**一旦被理解，那麼，這種本質就同時也包含著自己的那個對立面。因為正像工業包含著已被揚棄了的地產一樣，工業的**主體**本質也同時包含著**地產**的主體本質。

地產是私有財產的第一個形式，而工業在歷史上最初僅僅作為財產的一個特殊種類與地產相對立，或者不如說它是地產的被釋放了的奴隸，同樣，在科學地理解私有財產的**主體**本質即**勞動**時，這一過程也在重演。而勞動起初只作為**農業勞動**出現，然後才作為一般**勞動**得到承認。

[III] 一切財富都成了**工業的**財富，成了勞動的**財富**，而**工業**是完成了的勞動，正像**工廠制度**是**工業**即勞動的發達的本質，而**工業資本**是私有財產的完成了的客觀形式一樣。

　　我們看到，只有這時私有財產才能完成它對人的統治，並以最普遍的形式成為世界歷史性的力量。

［共產主義］

　　補入第XXXIX頁。——但是，**無產**和**有產**的對立，只要還沒有把它理解為**勞動**和**資本**的對立，它還是一種無關緊要的對立，一種沒有從它的**能動關係**上、它的**內在**關係上來理解的對立，還沒有作為**矛盾**來理解的對立[45]。這種對立即使沒有私有財產的進一步的運動也能以**最初的**形式表現出來，如在古羅馬、土耳其等。所以它還不**表現為**由私有財產本身規定的對立。但是，作為財產之排除的勞動，即私有財產的主體本質，和作為勞動之排除的資本，即客體化的勞動，——這就是作為上述對立發展到矛盾狀態的、因而促使矛盾得到解決的能動形式的**私有財產**。

　　補入同一頁。——自我異化的揚棄同自我異化走的是一條道路。最初，對**私有財產**只是從它的客體方面來考察，——但勞動仍然被看成它的本質。因此，它的存在形式就是「本身」應被消滅的**資本**（蒲魯東）。或者，勞動的**特殊方式**，即劃一的、分散的因而是不自由的勞動，被理解為私有財產的**有害性**的和它同人相異化的存在的根源——**傅立葉**，他和重農學派一樣，也把**農業勞動**看成至少是**最好的**勞動，[46]而聖西門則相反，他把**工業勞動**本身說成本質，因此他渴望工業家**獨占**統治和改善工人狀況[47]。最後，**共產主義**是揚棄私有財產的**積極**表現；開始對它作為**普遍的**私有財產出現[48]。共產主義是從私有財產的**普遍性**來看私有財產關係，因而共產主義

　　⑴在它的最初的形式中不過是私有財產關係的**普遍化**和**完成**

49。這樣的共產主義以兩種形式表現出來：首先，**物質的**財產對它的統治那麼厲害，以致它想把不能被所有人作爲**私有財產**占有的**一切**都消滅；它想**用強制的方法**把才能等等捨棄。在它看來，質的直接**占有**是生活和存在的唯一目的；**工人**這個範疇並沒有被取消，而是被推廣到一切人身上；私有財產關係仍然是整個社會同實物世界的關係；最後，用普遍的私有財產來反對私有財產的這個運動以一種動物的形式表現出來：用**公妻制**（也就是把婦女變爲**公有的**和**共有的**財產）來反對**婚姻**（它確實是一種**排他性的私有財產的形式**）。人們可以說，**公妻制**這種思想暴露了這個完全粗陋的和無思想的共產主義的**秘密**，正像婦女從婚姻轉向普遍賣淫①一樣，財富即人的對象性的本質的整個世界也從它同私有者的排他性的婚姻關係轉向它同整個社會的普遍賣淫關係。這種共產主義，由於到處否定人的**個性**，只不過是私有財產的徹底表現，私有財產就是這種否定。普遍的和作爲權力形成起來的**嫉妒**，是**貪欲**所採取的並且僅僅是用**另一種**方式來滿足自己的隱蔽形式。一切私有財產，就它本身來說，**至少都對較富裕的**私有財產懷有忌妬和平均化欲望，這種忌妬和平均化欲望甚至構成競爭的本質。粗陋的共產主義不過是這種忌妬和這種從**想像**的最低限度出發的平均化的頂點。它具有一個**特定的、有限的**尺度。對整個文化和文明的世界的抽象否定，向**貧窮的**、沒有需要的人——他不僅沒有超越私有財產的水平，甚至從來沒有達到私有財產的水平——的**非自然的** [IV] 簡單狀態的倒退，恰恰證

---

① 賣淫不過是**工人普遍賣**的一個**特殊**表現而已，因爲這種賣淫是一種不僅包括賣淫者，而且包括逼人賣淫的關係，並且後者的下流無恥遠爲嚴重，所以，資本家等等，也包括到賣淫這一範疇中。

明私有財產的這種揚棄決不是眞正的占有 **50**。

共同性只是**勞動**的共同性以及由共同的資本即作爲普遍的資本家的**共同體**支付的**工資**的平等。這種關係的兩個方面被提高到**想像的普遍性**的程度：**勞動**是每個人的本分，而**資本**是共同體的公認的普遍性和力量。

拿**婦女**當作共同淫樂的**犧牲品**和婢女來對待，這表現了人在對待自身方面的無限的退化，因爲這種關係的秘密在**男人**對**婦女**的關係上，以及在對**直接的、自然的**、類的關係的理解方式上，都**毫不含糊地**、確鑿無疑地、**明顯地**、露骨地表現出來了。人和人之間的直接的、自然的、必然的關係是**男女之間的關係**。在這種**自然的、類的關係中，人同自然的關係直接就是人和人之間的關係，而人和人之間的關係直接就是人同自然的關係**，就是他自己的**自然的**規定。因此，這種關係通過**感性**的形式，作爲一種顯而易見的**事實，表現出**人的本質在何種程度上對人說來成了自然，或者自然在何種程度上成了人具有的人的本質。因而，從這種關係就可以判斷人的整個發展程度。從這種關係的性質就可以看出，**人**在何種程度上成爲並把自己理解爲**類存在物、人**。男女之間的關係是人和人之間**最自然的**關係。因此，這種關係表明人的**自然的**行爲在何種程度上成了**人的**行爲，或者**人的**本質在何種程度上對人說來成了**自然的**本質，他的**人的本性**在何種程度上對他說來成了**自然**。這種關係還表明，人具有的**需要**在何種程度上成了**人的**需要，也就是說，**別**人作爲人在何種程度上對他說來成了需要，他作爲個人的存在在何種程度上同時又是社會存在物。

由此可見，對私有財產的最初的積極的揚棄，即**粗陋的共產主義**，不過是想把自己作爲**積極的共同體**確定下來的私有財產的卑鄙

性的一種**表現形式**。

(2)共產主義(α)按政治性質是民主的或專制的；(β) 是廢除國家的，但同時是尚未完成的，並且仍然處於私有財產即人的異化的影響下。這兩種形式的共產主義都已經把自己理解爲人向自身的還原或復歸，理解爲人的自我異化的揚棄；但是它還沒有弄清楚私有財產的積極的本質，也還不理解需要的**人的**本性，所以它還受私有財產的束縛和感染。它雖然已經理解私有財產這一概念，但是還不理解它的本質。

(3)**共產主義是私有財產即人的自我異化的積極的揚棄**，因而是通過人並且爲了人而對**人的**本質的眞正**占有**；因此，它是人向自身、向**社會的** （即人的） 人的復歸，這種復歸是完全的、自覺的而且保存了以往發展的全部財富的。這種共產主義，作爲完成了的自然主義，等於人道主義，而作爲完成了的人道主義，等於自然主義，它是人和自然界之間、人和人之間的矛盾的眞正解決，是存在和本質、對象化和自我確證、自由和必然、個體和類之間的鬥爭的**眞正**解決。它是歷史之謎的解答，而且知道自己就是這種解答[51]。

[V] 因此，歷史的全部運動，既是這種共產主義的**現實的**產生活動即它的經驗存在的誕生活動，同時，對它的能思維的意識說來，又是它的**被理解到和被認識到的生成**運動。而上述尚未完成的共產主義從個別的同私有財產相對立的歷史形式中爲自己尋找**歷史**的證明，從現存的事物中尋找證明，同時從運動中抽出個別環節（卡貝、維爾加爾德爾等人尤其喜歡賣弄這一套），把它們作爲自己的歷史的純種的證明固定下來；但是它這樣做恰好說明：歷史運動的絕大部分是同它的論斷相矛盾的，如果說它曾經存在過，那麼它的這種**過去的**存在恰恰反駁了對**本質**的奢求。

　　不難看到，整個革命運動必然在**私有財產**的運動中，即在經濟的運動中，爲自己既找到經驗的基礎，也找到理論的基礎。

　　這種**物質的**、直接**感性的**私有財產，是**異化了的、人的生命的**物質的、感性的表現。私有財產的運動——生產和消費——是以往全部生產的運動的**感性**表現，也就是說，是人的實現和現實。宗敎、家庭、國家、法、道德、藝術等等，都不過是生產的一些**特殊的**方式，並且受生產的普遍規律的支配。因此，**私有財產**的積極的揚棄，作爲對**人的**生命的占有，是一切異化的積極的揚棄，從而是人從宗敎、家庭、國家等等向自己的**人的即社會的**存在的復歸。宗敎的異化本身只是發生在人內心深處的**意識**領域中，而經濟的異化則是**現實生活**的異化，——因此異化的揚棄包括兩個方面。不言而喻，在不同的民族那裡，這一運動從哪個領域**開始**，這要看一個民族的眞正的、**公認的**生活主要是在意識領域中還是外部世界中進行，這種生活更多地是觀念的生活還是現實的生活。共產主義就是從無神論開始的（**歐文**）[52]，而無神論最初還遠不是**共產主義**；那種無神論無寧說還是一個抽象。所以，無神論的博愛最初還只是**哲學的**、抽象的博愛，而共產主義的博愛則從一開始就是**現實的**和直接追求**實效的**。

　　我們已經看到，在被積極揚棄的私有財產的前提下，人如何生產人——他自己和別人；直接體現他的個性的對象如何是他自己爲別人的存在，同時是這個別人的存在，而且也是這個別人爲他的存在。但是，同樣，無論勞動的材料是作爲主體的人，都既是運動的結果，又是運動的出發點（並且二者必須是**出發點**，私有財產的歷史**必然性**就在於此）。因此，**社會**性質是整個運動的一般性質；**正像**社會本身生產作爲**人的人**一樣，人也**生產**社會。活動和享受，無論

就其內容或就其**存在方式**來說，都是**社會的**，是**社會的**活動和**社會**的享受。自然界的**人的**本質只有對**社會的**人說來才是存在的；因為只有在社會中，自然界對人說來才是人與**人聯繫的紐帶**，才是他為別人的存在和別人為他的存在，才是人的現實的生活要素；只有在社會中，自然界才是人自己的**人的**存在的**基礎**。只有在社會中，人的**自然的**存在對他說來才是他的**人的**存在，而自然界對他說來才成為人。因此，**社會**是人同自然界的完成了的本質的統一，是自然界的真正復活，是人的實現了的自然主義和自然界的實現了的人道主義。

[VI]社會的活動和社會的享受決不**僅僅**存在於**直接**共同的活動和直接**共同的**享受這種形式中，雖然**共同的**活動和**共同的**享受，即直接通過同別人的**實際交往**表現出來和得到確證的那種活動和享受，在社會性的上述**直接**表現以這種活動或這種享受的內容本身為根據並且符合其本性的地方都會出現。

甚至當我從事**科學**之類的活動，即從事一種我只是在很少情況下才能同別人直接交往的活動的時候，我也是**社會的**，因為我是作為**人**活動的。不僅我的活動所需的材料，甚至思想家用來進行活動的語言本身，都是作為社會的產品給予我的，而且我**本身的**存在**就是**社會的活動；因此，我從自身所做出的東西，是我從自身為社會做出的，並且意識到我自己是社會存在物。

我的**普遍**意識不過是以**現實**共同體、社會存在物為**生動**形式的那個東西的**理論**形式，而在今天，**普遍**意識是現實主義的抽象，並且作為這樣的抽象是與現實生活相敵對的。因此，我的普遍意識的**活動**本身也是我作為社會存在物的**理論**存在。

首先應當避免重新把「社會」當作抽象的東西同個人對立起來。

個人**是社會存在物**。因此，他的生命表現，即使不採取**共同的**、同其他人一起完成的生命表現這種直接形式，**也是社會生活的**表現和確證。人的個人生活和類生活並不是**各不相同的**，儘管個人生活的存在方式必然是類生活的較爲**特殊的**或者較爲**普遍的**方式，而類生活必然是較爲**特殊的**或者較爲**普遍的**個人生活。

作爲**類意識**，人確證自己的現實的**社會生活**，並且只是在思維中復現自己的現實存在；反之，類存在則在類意識中確證自己，並且在自己的普遍性中作爲思維著的存在物自爲地存在著。

因此，人是一個**特殊的**個體，並且正是他的特殊性使他成爲一個個體，成爲一個現實的、**單個的**社會存在物，同樣地他也是**總體**，觀念的總體，被思考和被感知的社會的自爲的主體存在，正如他在現實中旣作爲對社會存在的直觀和現實享受而存在，又作爲人的生命表現的總體而存在一樣。

可見，思維和存在雖有**區別**，但同時彼此又處於**統一**中。

死似乎是類對**特定的**個體的冷酷無情的勝利，並且似乎是同它們的統一相矛盾的；但是特定的個體不過是一個**特定的類存在物**，而作爲這樣的存在物是遲早要死的。

(4)**私有財產**不過是下述情況的感性表現：人變成了對自己說來是**對象性的**，同時變成了異己的和非人的對象；他的生命表現就是他的生命的外化，他的現實化就是他的非現實化，就是**異己的**現實。同樣，私有財產的積極的揚棄，也就是說，爲了人並且通過人對人的本質和人的生命、對象性的人和人的**作品**的**感性的**占有，不應當僅僅被理解爲**直接的**、片面的**享受**，不應當僅僅被理解爲所有、**擁有**。人以一種全面的方式，也就是說，作爲一個完整的人，占有自己的全面的本質。人同世界的任何一種人的關係——視覺、聽覺、

嗅覺、味覺、觸覺、思維、直觀、情感、願望、活動、愛，——總之，他的個體的一切器官，正像在形式上直接是社會的器官的那些器官一樣，[IVII] 是通過自己的**對象性**關係，即通過自己**同對象的關係**對對象的占有，對**人的**現實的占有；這些器官同對象的關係，**是人的現實的實現**①，是人的**能動**和人的**受動**，因為按人的方式來理解的受動，是人的一種自我享受。

　　私有制使我們變得如此愚蠢而片面，以致一個對象，只有當它爲我們擁有的時候，也就是說，當它對我們說來作爲資本而存在，或者它被我們直接占有，被我們吃、喝、穿、住等等的時候，總之，在它被我們**使用**的時候，才是**我們的，**儘管私有制本身也把占有的這一切直接實現僅僅看作**生活手段，**而它們作爲手段爲之服務的那種生活是**私有制的生活**——勞動和資本化。

　　因此，**一切**肉體的和精神的感覺都被這**一切**感覺的單純異化即**擁有**的感覺所代替。人這個存在物必須被歸結爲這種絕對的貧困，這樣他才能夠從自身產生出他的內在豐富性。（關於**擁有**這個範疇，見《二十一印張》文集中**赫斯**的論文 53 。）

　　因此，私有財產的揚棄，是人的一切感覺和特性的徹底**解放；**但這種揚棄之所以是這種解放，正是因爲這些感覺和特性無論在主體上還是客體上都變成**人的。**眼睛變成了**人的**眼睛，正像眼睛的**對象**變成了社會的、**人的**、由人並爲了人創造出來的對象一樣，因此，**感覺**通過自己的實踐直接變成了**理論家**。感覺爲了物而同**物**發生關係，但物本身卻是對自身和對人的一種**對象性的、人的**關係②，反

① 因此，正像人的**本質規定**和**活動**是多種多樣的一樣，人的**現實**也是多種多樣的。
② 只有當物按人的方式同人發生關係時，我才能在實踐上按人的方式同物發生關係。

過來也是這樣。因此，需要和享受失去了自己的**利己主義**性質，而自然界失去了自己的純粹的**有用性**，因爲效用成了**人的**效用。

同樣，別人的感覺和享受也成了我**自己的**占有。因此，除了這些直接的器官以外，還以社會的**形式**形成**社會的**器官。例如，直接同別人交往的活動等等，成了我的**生命表現**的器官和對**人的**生命的一種占有方式。

不言而喩，**人的**眼睛和野性的、非人的眼睛得到的享受不同，人的**耳朵**和野性的耳朵得到的享受不同，如此等等。

我們知道，只有當對象對人說來成爲**人的**對象或者說成爲對象性的人的時候，人才不致在自己的對象裡面喪失自身。只有當對象對人說來成爲**社會的**對象，人本身對自己說來成爲社會的存在物，而社會在這個對象中對人說來成爲本質的時候，這種情況才是可能的。

因此，一方面，隨著對象性的現實在社會中對人說來到處成爲人的本質力量的現實，成爲人的現實，因而成爲人**自己的**本質力量的現實，一切**對象**對他說來也就成爲他自身的**對象化**，成爲確證和實現他的個性的對象，成爲**他的**對象，而這就是說，對象成了**他自身**。對象**如何**對他說來成爲**他的**對象，這取決於**對象的性質**以及與之相適應的**本質力量**的性質；因爲正是這種關係的**規定性**形成一種特殊的、**現實的**肯定方式。**眼睛**對對象的感覺不同於**耳朵**，眼睛的對象不同於**耳朵**的對象。每一種本質力量的獨特性，恰好就是這種本質力量的**獨特的本質**，因而也是它的對象化的獨特方式，它的**對象性的、現實的、活生生的存在**的獨特方式。因此，人不僅通過思維，[VIII] 而且以**全部**感覺在對象世界中肯定自己。

另一方面，即從主體方面來看：只有音樂才能激起人的音樂感；

對於沒有音樂感的耳朵來說，最美的音樂也**毫無**意義，不是對象，因爲我的對象只能是我的一種本質力量的確證，也就是說，它只能像我的本質力量作爲一種主體能力自爲地存在著那樣對我存在，因爲任何一個對象對我的意義（它只是對那個與它相適應的感覺說來才有意義）都以**我的**感覺所及的程度爲限。所以社會的人的**感覺不同於**非社會的人的感覺。只是由於人的本質的客觀地展開的豐富性，主體的、**人的**感性的豐富性，如有音樂感的耳朵、能感受形式美的眼睛，總之，那些能成爲人的享受的感覺，即確證自己是**人的**本質力量的**感覺**，才一部分發展起來，一部分產生出來。因爲，不僅五官感覺，而且所謂精神感覺、實踐感覺（意志、愛等等），一句話，**人的**感覺，感覺的人性，都只是由於**它的**對象的存在，由於**人化的**自然界，才產生出來的。五官感覺的**形成**是以往全部世界歷史的產物。囿於粗陋的實際需要的**感覺**只具有**有限的**意義。對於一個忍飢挨餓的人說來並不存在人的食物形式，而只有作爲食物的抽象存在；食物同樣也可能具有最粗糙的形式，而且不能說，這種飲食與**動物的**飲食有什麼不同。憂心忡忡的窮人甚至對最美麗的景色都沒有什麼**感覺**；販賣礦物的商人只看到礦物的商業價值，而看不到礦物的美和特性；他沒有礦物學的感覺。因此，一方面爲了使人的**感覺**成爲**人的**，另一方面爲了創造同人的本質和自然界的本質的全部豐富性相適應的**人的感覺**，無論從理論方面還是從實踐方面來說，人的本質的對象化都是必要的。

通過**私有財產**及其富有和貧困——物質的和精神的富有和貧困——的運動，生成中的社會發現這種**形式**所需的全部材料；同樣，**生成了**的社會，創造著具有人的本質的這種全部豐富性的人，創造著**具有豐富的、全面而深刻的感覺**的人作爲這個社會的恒久的現實。

　　我們看到，主觀主義和客觀主義，唯靈主義和唯物主義，活動和受動，只是在社會狀態中才失去它們彼此間的對立，並從而失去它們作爲這樣的對立面的存在；我們看到，**理論的**對立本身的解決，**只有通過實踐**方式，只有借助於人的實踐力量，才是可能的；因此，這種對立的解決決不只是認識的任務，而是一個**現實**生活的任務，而**哲學**未能解決這個任務，正因爲哲學把這**僅僅**看作理論的任務。

　　我們看到，**工業**的歷史和工業的已經產生的**對象性**的存在，是一本**打開了的關於人的本質力量的**書，是感性地擺在我們面前的人的**心理學**[54]；對這種心理學人們至今還沒有從它同人的**本質**的聯繫上，而總是僅僅從有用性這種外在關係來理解，因爲在異化範圍內活動的人們僅僅把人的普遍存在，宗教，或者具有抽象普遍性質的歷史，如政治、藝術和文學等等，理解爲人的本質力量的現實性和**人的類活動**。[IX] 在**通常的、物質的工業**中（人們可以把這種工業看成是上述普遍運動的一部分，正像可以把這個運動本身看成是工業的一個**特殊**部分一樣，因爲全部人的活動迄今都是勞動，也就是工業，就是同自身相異化的活動），人的**對象化的本質力量以感性的、異己的、有用的對象**的形式，以異化的形式呈現在我們面前。如果**心理學**還沒有打開這本書即歷史的這個恰恰最容易感知的、最容易理解的部分，那麼這種心理學就不能成爲內容確實豐富的和**眞正的**科學。如果科學從人的活動的如此廣泛的豐富性中只知道那種可以用「需要」、「一般需要」！的話來表達的東西，那麼人們對於這種**高傲地**撇開人的勞動的這一巨大部分而不感覺自身不足的科學究竟應該怎樣想呢？

　　自然科學展開了大規模的活動並且占有了不斷增多的材料。但是哲學對自然科學始終是疏遠的，正像自然科學對哲學也始終是疏

遠的一樣。過去把它們暫時結合起來，不過是**離奇的幻想**。存在著
結合的意志，但缺少結合的能力。甚至歷史學也只是順便地考慮到
自然科學，僅僅把它看作是啓蒙、有用性和某些偉大發現的因素。
然而，自然科學卻通過工業日益**在實踐上**進入人的生活，改造人的
生活，並爲人的解放作準備，儘管它不得不直接地完成非人化。**工
業**是自然界同人之間，因而也是自然科學同人之間的**現實**的歷史關
係。因此，如果把工業看成人的**本質力量**的**公開的**展示，那麼，自
然界的**人的**本質，或者人的**自然的**本質，也就可以理解了；因此，
自然科學將失去它的抽象物質的或者不如說是唯心主義的方向，並
且將成爲**人的**科學的基礎，正像它現在已經——儘管以異化的形式
——成了眞正人的生活的基礎一樣；至於說生活有它的**一種**基礎，
科學有它的另一種基礎——這根本就是謊言。在人類歷史中即在人
類社會的產生過程中形成的自然界是人的**現實**的自然界；因此，通
過工業——儘管以**異化**的形式——形成的自然界，是眞正的、**人本
學的**自然界。

　　感性（見費爾巴哈）必須是一切科學的基礎。科學只有從**感性**
意識和**感性**需要這兩種形式的感性出發，因而，只有從自然界出發，
才是**現實的**科學。全部歷史是爲了使「**人**」成爲**感性**意識的對象和
使「人作爲人」的需要成爲［自然的、感性的］需要而作準備的發
展史。歷史本身是**自然史**的即自然成爲人這一過程的一個**現實**部分。
自然科學往後將包括關於人的科學，正像關於人的科學包括自然科
學一樣：這將是**一門**科學。

　　［X］**人**是自然科學的直接對象；因爲直接的**感性自然界**，對人
說來直接地就是人的感性（這是同一個說法），直接地就是**另一個**對
他說來感性地存在著的人；因爲他自己的感性，只有通過**另一個人**，

才對他本身說來是人的感性。但是**自然界**是**關於人的科學**的直接對象。人的第一個對象——人——就是自然界、感性；而那些特殊的、人的、感性的本質力量，正如它們只有在**自然**對象中才能得到客觀的實現一樣，只有在關於自然本質的科學中才能獲得它們的自我認識。思維本身的要素，思想的生命表現的要素，即**語言**，是感性的自然界。自然界的**社會的**現實，和**人的**自然科學或**關於人的自然科學**，是同一個說法。

//我們看到，**富有的人**和富有的、**人的**需要代替了國民經濟學上的**富有**和**貧困**。富有的人同時就是**需要**有完整的人的生命表現的人，在這樣的人的身上，他自己的實現表現爲內在的必然性、表現爲**需要**。不僅人的**富有**，而且人的**貧困**，在社會主義的前提下同樣具有**人的**、因而是社會的意義。貧困是被動的紐帶，它迫使人感覺到需要最大的財富即**另一個人**。因此，對象的本質在我身上的統治，我的本質活動的感性的爆發，在這裡是一種成爲我的本質的**活動**的**激情**。//

(5)任何一個**存在物**只有當它用自己的雙腳站立的時候，才認爲自己是獨立的，而且只有當它依靠自己而**存在**的時候，它才是用自己的雙腳站立的。靠別人恩典爲生的人，把自己看成一個從屬的存在物。但是，如果我不僅靠別人維持我的生活，而且別人還**創造了**我的**生活**，別人還是我的生活的**泉源**，那麼，我就完全靠別人的恩典爲生；如果我的生活不是我自己的創造，那麼，我的生活就必定在我之外有這樣一個根源。所以，**創造**①是一個很難從人民意識中排除的觀念。自然界和人的通過自身的存在，對人民意識來說是**不**

---

① 原文是 Schopfung, 亦譯創世。——編者注

能理解的，因爲這種存在是同實際生活的一切**明擺著的事實**相矛盾的。

大地創造說，受到了**地球構造學** [55]（即說明地球的形成、生成是一個過程、一種自我產生的科學）的致命打擊。自然發生說 [56] 是對創世說的唯一實際的駁斥。

對個別人說說亞里士多德已經說過的下面這句話，當然是容易的：你是你的父親和你的母親生出來的；這就是說，在你身上，兩個人的性結合即人的類行爲生產了人。因而，你看到，人的肉體的存在也要歸功於人。所以，你應該不是僅僅注意**一個**方面即**無限的**過程，由於這個過程你會進一步發問：誰生出了我的父親？誰生出了他的祖父？等等。你還應該緊緊盯住這個無限過程中的那個可以直接感覺到的**循環運動**，由於這個運動，人通過生兒育女使自身重複出現，因而**人**始終是主體。但是你會回答說：我承認這個循環運動，那麼你也要承認那個無限的過程，這過程驅使我不斷追問，直到提出誰產生了第一個人和整個自然界這一問題。我只能對你作如下的回答：你的問題本身就是抽象的產物。請你問一下自己，你是怎樣想到這個問題的；請你問一下自己，你的問題是不是來自一個因爲荒謬而使我無法回答的觀點。請你問一下自己，那個無限的過程本身對理性的思維說來是否存在。既然你提出自然界和人的創造問題，那麼你也就把人和自然界抽象掉了。你假定它們是**不存在的**，然而你卻希望我向你證明它們是**存在的**。那我就對你說：放棄你的抽象，那麼你也就放棄你的問題，或者，你要堅持自己的抽象，那麼你就要貫徹到底，如果你設想人和自然界是**不存在的**，[XI]那麼你就要設想你自己也是不存在的，因爲你自己也是自然界和人。不要那樣想，也不要那樣向我提問，因爲一旦你那樣想，那樣提問，

你就會把自然界和人的存在**抽象掉**，這是沒有任何意義的。也許你是一個假定一切都不存在，而自己卻想存在的利己主義者吧？

你可能反駁我說：我並不想假定自然界是不存在的；我是問你自然界是如何**產生**的，正像我問解剖學家骨骼如何形成等等一樣。

但是，因為在社會主義的人看來，**整個所謂世界歷史**不外是人通過人的勞動而誕生的過程，是自然界對人說來的生成過程，所以，關於他通過自身而**誕生**、關於他的**產生過程**，他有直觀的、無可辯駁的證明。因為人和自然界的**實在性**，即人對人說來作為自然界的存在以及自然界對人說來作為人的存在，已經變成實踐的、可以通過感覺直觀的，所以，關於某種**異己的**存在物，關於凌駕於自然界和人之上的存在物的問題，即包含著對自然界和人的非實在性的承認的問題，在實踐上已經成為不可能的了。**無神**論，作為對這種非實在性的否定，已不再有任何意義，因為無神論是**對神的否定**，並且正是通過這種否定而肯定**人的存在**；但是社會主義，作為社會主義，已經不再需要這樣的中介；它是從把人和自然界看作**本質**這種**理論上和實踐上的感性意識**開始的。社會主義是人的不再以宗教的揚棄為中介的**積極的自我意識**，正像**現實生活**是人的不再以私有財產的揚棄即**共產主義**為中介的積極的現實一樣。共產主義是作為否定的否定的肯定，因此它是人的解放和復原的一個**現實的**、對下一段歷史發展說來是必然的環節。**共產主義**是最近將來的必然的形式和有效的原則。但是，共產主義本身並不是人的發展的目標，並不是人的社會的形式。[XI]

［需要、生產和分工］

[XIV]⑺我們已經看到，在社會主義的前提下，人的需要的**豐富性**,從而某種**新的生產方式**和某種新的生產**對象**具有何等的意義：**人的**本質力量的新的證明和**人的**本質的新的充實。在私有制範圍內，這一切卻具有相反的意義。每個人都千方百計在別人身上喚起某種**新的**需要，以便迫使他作出新的犧牲，使他處於一種新的依賴地位，誘使他追求新的**享受**方式，從而陷入經濟上的破產。每個人都力圖創造出一種支配他人的、**異己的**本質力量，以便從這裡面找到他自己的利己需要的滿足。因此，隨著對象的數量的增長，奴役人的異己存在物王國也在擴展，而每一個新產品都是產生相互欺騙和相互掠奪的新的**潛在力量**。人作爲人越來越貧窮，他爲了占有敵對的本質越來越需要**貨幣**，而他的**貨幣**的力量恰恰同產品數量成反比，也就是說，他的貧窮隨著貨幣的**權力**的增加而日益增長。——因此，對貨幣的需要是國民經濟學所產生的眞正需要，並且是它所產生的唯一需要。——貨幣的**數量**越來越成爲貨幣的唯一**強有力的**屬性；正像貨幣把任何本質都歸結爲它的抽象一樣，貨幣也在它自身的運動中把自身歸結爲**數量的**本質。**無限制**和**無節制**成了貨幣的眞正尺度。

甚至從主觀方面來說，這一點部分地表現在：產品和需要的範圍的擴大，成爲非人的、過分精致的、非自然的和**臆想出來的**欲望的**機敏的**和總是**精打細算的**奴隸。私有制不能把粗陋的需要變爲**人**

的需要。它的**理想主義**不過是**幻想、奇想、怪想**；沒有一個宦官不是下賤地向自己的君主獻媚，並力圖用卑鄙的手段來刺激君主的麻痺了的享樂能力，以騙取君主的恩寵；工業的宦官即生產者則更下賤地用更卑鄙的手段來騙取銀幣，從自己的按基督教教義說來應該愛的鄰人的口袋裡誘取黃金鳥（每一個產品都是人們想用來誘騙他人的本質即他的貨幣的誘餌；每一個現實的或可能的需要都是把蒼蠅誘向粘竿的弱點；對社會的、人的本質的普遍剝削，正像人的每一個缺陷一樣，是同天國聯結的一個紐帶，是使僧侶能夠接近人心的途徑；每一個急難都是一個機會，使人能夠擺出一副格外殷勤的面孔來接近自己的鄰人並且向他說：親愛的朋友，你需要什麼，我給你，而必不可缺的條件，你是知道的；你應當用什麼樣的墨水給我寫字據，你也是知道的；既然我給你提供了享受，我也要敲詐你一下），——工業的宦官投合消費者的最下流的意念，充當他和他的需要之間的牽線人，激起他的病態的欲望，窺伺他的每一個弱點，然後要求對這種殷勤的服務付報酬。

　　這種異化也部分地表現在：一方面所發生的需要和滿足需要的資料的精緻化，在另一方面產生著需要的牲畜般的野蠻化和最徹底的、粗糙的、抽象的簡單化，或者無寧說這種精緻化只是再生產相反意義上的自身。甚至對新鮮空氣的需要在工人那裡也不再成其為需要了。人又退回到洞穴中，不過這洞穴現在已被文明的熏人毒氣污染。他**不能踏踏實實地**住在這洞穴中，彷彿它是一個每天都可能從他身旁脫離的異己力量，如果他 [XV] 交不起房租，他就每天都可能被趕出洞穴。工人必須為這停屍房**支付租金**。**明亮的**居室，曾被埃斯庫羅斯筆下的普羅米修斯稱為使野蠻人變成人的偉大天賜之一，現在對工人說來已不再存在了。光、空氣等等，甚至**動物的**最

簡單的愛清潔習性，都不再成為人的需要了。**骯髒**，人的這種腐化墮落，文明的**陰溝**（就這個詞的本意而言），成了工人的**生活要素**。完全**違反自然的**荒蕪，日益腐敗的自然界，成了他的**生活要素**。他的任何一種感覺不僅不再以人的方式存在，而且不再以**非人的**方式因而甚至不再以動物的方式存在。人類勞動的最粗陋的**方式**（和**工具**）又重新出現了；例如，羅馬奴隸的**踏車**又成了許多英國工人的生產方式和存在方式。人不僅失去了人的需要，甚至失去了**動物**的需要。愛爾蘭人只知道一種需要，就是**吃**的需要，而且只知道**吃馬鈴薯**，而且只是**破爛馬鈴薯**，最壞的馬鈴薯。但是，在英國和法國的每一個工業城市中都有一個**小愛爾蘭**。連野蠻人、動物都還有獵捕、運動等等的需要，有和同類交往的需要！——機器勞動的簡單化，被利用來把完全沒有發育成熟的、正在成長的人即**兒童**變成工人，正像工人變成無人照管的兒童一樣。機器適應著人的**軟弱性**，以便把**軟弱的**人變成機器。

//關於需要和滿足需要的資料的增長如何造成需要的喪失和滿足需要的資料的喪失這一問題，國民經濟學家（和資本家：當我們談到作為資本家的**科學**自白和科學存在的國民經濟學家時，我們一般總是指**經驗的**生意人）是這樣論證的：(1)他把工人的需要歸結為維持最必需的、最可憐的肉體生活，並把工人的活動歸結為最抽象的機械運動；於是他說，人無論在活動方面還是在享受方面再沒有別的需要了；因為他**甚至**把這樣的生活都宣布為**人的**生活和**人的**存在；(2)他把盡可能**貧乏的**生活（生存）當作**計算**的標準，而且是普遍的標準：說普遍的標準，是因為它適用於大多數人。國民經濟學家把工人變成沒有感覺和沒有需要的存在物，正像他把工人的活動變成抽去一切活動的純粹抽象一樣。因此，工人的任何**奢侈**在他看

來都是不可饒恕的，而一切超出最抽象的需要的東西——無論是消極的享受或積極的活動表現——在他看來都是奢侈。因此，國民經濟學這門關於**財富**的科學，同時又是關於克制、窮困和**節約**的科學，而實際上它甚至要人們把對新鮮**空氣**或身體**運動**的需要都**節省下來**。這門關於驚人的勤勞的科學，同時也是關於**禁欲**的科學，而它的真正理想是**禁欲**的但**進行重利盤剝**的吝嗇鬼和**禁欲**的但進行**生產的奴隸**。它的道德理想就是把自己的一部分工資存入儲蓄所的**工人**，而且它甚至爲了它喜愛的這個理想發明了一種奴才的**藝術**。人們懷著感傷的情緒把這些搬上舞台。因此，國民經濟學，儘管它具有世俗的和縱欲的外表，卻是真正道德的科學，最最道德的科學。它的基本教條是：自我克制，對生活和人的一切需要克制。你越少吃，少喝，少買書，少上劇院、舞會和餐館，越少想，少愛，少談理論，少唱，少畫，少擊劍等等，你就越能**積攢**，你的既不會被蟲蛀也不會被賊盜的寶藏，即你的**資本**，也就會**越大**。你的**存在**越微不足道，你表現你的生命越少，你的**財產**就越多，你的**外化的**生命就越大，你的異化本質也積累得越多。[XVI]國民經濟學家把從你那裡奪去的那一部分生命和人性，全用**貨幣**和**財富**補償給你，你自己不能辦到的一切，你的貨幣都能辦到：它能吃，能喝，能赴舞會，能去劇場，能獲得藝術、學識、歷史珍品和政治權力，能旅行，它**能**爲你占有這一切；它能購買這一切；它是真正的**能力**。但是，儘管貨幣是這一切，它除了自身以外**不願**創造任何東西，除了自身以外不願購買任何東西，因爲其餘一切都是它的奴僕，而當我占有了主人，我就占有了奴僕，我也就不需要去追求他的奴僕了。因此，一切激情和一切活動都必然湮沒在**發財欲**之中。工人只能擁有他想要生活下去所必需的那麼一點，而且只是爲了擁有［這麼一點］他才有權

要活下去。//

　　誠然，在國民經濟學領域掀起了一場爭論。一方（羅德戴爾、馬爾薩斯等）推崇**奢侈**而咒罵節約；另一方（薩伊、李嘉圖等）則推崇節約而咒罵奢侈。但是，前者承認，它要求奢侈是為了生產出**勞動**即絕對的節約；而後者承認，它推崇節約是為了生產出**財富**即奢侈。前者沉緬於**浪漫主義的**幻想，認為不應僅僅由發財欲決定富者的消費，並且當它把**揮霍**直接當作發財致富的手段時，它是跟它自己的規律相矛盾的。因此，後者極其嚴肅而詳盡地向前者證明，通過揮霍我只會減少而不會增加我的**財產**。後者假意不承認，正是一時的興趣和念頭決定生產；它忘記了「考究的需要」，忘記了沒有消費就不會有生產；忘記了只有通過競爭，生產才必然變得日益全面、日益奢侈；它忘記了，按照它的理論，使用決定物的價值，而時興決定使用；它希望僅僅生產「有用的東西」，但它忘記了生產過多的有用的東西就會生產出過多的**無用的**人口。雙方都忘記了，揮霍和節約，奢侈和困苦，富有和貧窮是等同的。

　　而且，如果你希望按照經濟學辦事，並且不願毀於幻想，那麼你不僅應當在你的直接的感覺，如吃等等方面節省，而且應當在熱心公益、同情、信任等等這一切方面節省。

　　//你必須把你的一切變成可以**出賣的**，也就是說，變成有用的。如果我問國民經濟學家：當我靠出賣自己的身體滿足別人的淫欲來換取金錢時，我是不是遵從經濟規律（法國工廠工人把自己妻女的賣淫稱為額外的勞動時間，這是名副其實的），而當我把自己的朋友出賣給摩洛哥人時，我是不是在按國民經濟學行事呢（而通過買賣新兵等等形式直接販賣人口的現象，在一切文明國家裡都有）？於是國民經濟學家回答我：你的行動並不違反我的規律：但請你看看道

德太太和宗敎太太說些什麼；我的**國民經濟學的**道德和宗敎絲毫不反對你的行動方式，但是……——但是我該更相信誰呢——國民經濟學還是道德？國民經濟學的道德是**謀生**、勞動和節約、節制，但是國民經濟學答應滿足我的需要。——道德的國民經濟學就是富有道德心、德行等等；但是，如果我根本不存在，我又怎麼能有德行呢？如果我什麼都不知道，我又怎麼會富有道德心呢？——每一個領域都用不同的和相反的尺度來衡量我：道德用一種尺度，而國民經濟學又用另一種尺度。這是以異化的本質爲根據的，因爲每一個領域都是人的一種特定的異化，每一個//〔XVII〕……都把異化的本質活動的特殊範圍固定下來，並且每一個領域都同另一種異化保持著異化的關係。例如，**米歇爾・舍伐利埃**先生責備李嘉圖撇開了道德。但是，李嘉圖使國民經濟學用它自己的語言說話。如果說這種語言不合乎道德，那麼這不是李嘉圖的過錯。當米歇爾・舍伐利埃講道德的時候，他撇開了國民經濟學；而當他研究國民經濟學的時候，他又必然實際上撇開了道德。如果國民經濟學同道德的關係不是任意的、偶然的因而無根據的和不科學的，如果這種關係不是**裝裝樣子**的，而是被設想爲**本質的**，那麼它就只能是國民經濟學規律同道德的關係；如果實際上並非如此，或者恰恰出現相反的情況，那麼這難道是李嘉圖的過錯嗎？何況，國民經濟學和道德之間的對立本身不過是一種**假象**，它**旣是**對立，同時又不是對立。國民經濟學不過是**以自己的方式**表現著道德規律。

//節制需要，作爲國民經濟學的原則，在它的**人口論**中**最鮮明地**表現出來。人太**多**了。甚至連人的存在都是十足的奢侈，而如果工人是「**道德的**」（穆勒曾建議公開讚揚那些在兩性關係上表現節制的人，並公開責難那些違背結婚不生育原則的人……難道這不是道德

學、禁欲學說嗎？ **57**）。那麼他就會在生育方面實行**節約**。人的生產表現爲公衆的不幸。//

生產對富人所具有的意義，**明顯地**表現在生產對窮人所具有的意義中；這對於上層來說總是表現得精致、隱秘、含糊，是假象；而對於下層來說則表現得粗陋、露骨、坦率，是本質。工人的**粗陋的**需要與富人的**考究的**需要相比是一個大得多的收入來源。倫敦的地下室給房產主帶來的收入比宮殿帶來的更多，也就是說，地下室對房產主來說是**更大的財富，**因而，用國民經濟學的語言來說，是更大的**社會**財富。

正像工業利用考究的需要進行投機一樣，工業也利用**粗陋的**需要，而且是人爲地造成的粗陋的需要進行投機。因此，對於這種粗陋的需要來說，**自我麻醉，**這種**表面的**對需要的滿足，這種**在**需要的粗陋野蠻性**中**的文明，是一種眞正的享受。因此，英國的酒店是私有制的**明顯的**象徵。酒店的**奢侈**表明工業的奢侈和財富對人的眞正的關係。因此，酒店理所當然地是人民唯一的至少受到英國警察從寬對待的星期日娛樂。[XVII]

[XVIII] 我們已經看到，國民經濟學家怎樣用各種各樣的方式來確定勞動和資本的統一：(1)資本是**積累勞動；**(2)資本在生產中的使命——部分地是連同利潤的資本再生產，部分地作爲原料（勞動材料）的資本，部分地作爲本身**工作著的工具**（機器——直接與勞動等同的資本）——就在於**生產勞動；**(3)工人是資本；(4)工資屬於資本的費用；(5)對工人來說，勞動是他的生命資本的再生產；(6)對資本家來說，勞動是他的資本的活動的要素。

最後，(7)國民經濟學家把勞動和資本的原初的統一假定爲資本家和工人的統一；這是一種天堂般的原始狀態。這兩個要素 [XIX]

如何作爲兩個人而互相對立,這對國民經濟學家來說是一種**偶然的**、因而只應用外部原因來說明的事情。(見穆勒)

那些仍然被貴金屬的感性光輝眩惑, 因而仍然是金屬貨幣的拜物教徒的民族, 還不是完全的貨幣民族。法國和英國之間的對立。——例如, 在**拜物教**上就可看出, 理論難題的解決在何種程度上是實踐的任務並以實踐爲中介, 眞正的實踐在何種程度上是現實的和實證的理論的條件。拜物教徒的感性意識不同於希臘人的感性意識, 因爲他的感性存在還是不同於希臘人的感性存在。只要人對自然界的感覺, 自然界的人的感覺, 因而也是**人的自然**感覺還沒有被人本身的勞動創造出來, 那麼, 感覺和精神之間的抽象的敵對就是必然的。

平等不過是德國人的公式「自我＝自我」譯成法國語言即政治語言罷了。平等, 作爲共產主義的**基礎**, 是共產主義的**政治的**論據。這同德國人把人理解爲**普遍的自我意識**, 以此來論證共產主義, 是一回事。不言而喩, 異化的揚棄總是從作爲**統治**力量的異化形式出發: 在德國是**自我意識**, 在法國由於政治的原因是**平等**, 在英國是現實的、物質的、僅僅以自身來衡量自身的**實際**需要。對於蒲魯東應該從這一點出發來加以批判和承認。

如果我們把**共產主義**本身——因爲它是否定的否定——稱爲對人的本質的占有, 而這種占有是以否定私有財產作爲自己的中介的, 因而還不是**眞正的**、從自身開始的肯定, 而只是從私有財產開始的肯定, [……………………………………………………]①人的生命的現實

---

① 手稿這一頁的左下角破損, 因而這裡最後六行的原文殘缺不全, 無法恢復全部內容。——俄文版編者注

的異化仍在發生，而且人們越意識到它是異化，它就越成爲更大的異化；所以，它只有通過共產主義的實際實現才能完成。要消滅私有財產的**思想**，有共產主義**思想**就完全夠了。而要消滅現實的私有財產，則必須有**現實的**共產主義行動。歷史將會帶來這種共產主義行動，而我們**在思想中**已經認識到的那個正在進行自我揚棄的運動，實際上將經歷一個極其艱難而漫長的過程。但是，我們必須把我們從一開始就意識到這一歷史運動的局限性和目的，並有了超越歷史運動的覺悟這一點，看作是現實的進步。

當共產主義的**手工業者**聯合起來的時候，他們的目的首先是學說、宣傳等等。但是同時，他們也因此產生一種新的需要，即交往的需要，而作爲手段出現的東西則成了目的。當法國社會主義工人聯合起來的時候，人們就可以看出，這一實踐運動取得了何等光輝的成果。吸煙、飲酒、吃飯等等在那裡已經不再是聯合的手段，或聯絡的手段。交往、聯合以及仍然以交往爲目的的敍談，對他們說來已經足夠了；人與人之間的兄弟情誼在他們那裡不是空話，而是眞情，並且他們那由於勞動而變得結實的形象向我們放射出人類崇高精神之光。

[XX] //當國民經濟學斷言需求和供給始終相符的時候，它當即忘記了，按照它自己的主張，**人**的供給（人口論）始終超過對人的需求；因而，供求之間的比例失調在整個生產的本質結果——人的生存——上得到最顯著的表現。

作爲手段出現的貨幣在什麼程度上成爲眞正的**力量**和唯一的**目的**，那使我成爲本質並使我占有別人的對象性本質的**手段**在什麼程度上成爲**目的本身**，可以從下面一點看出來：地產（在土地是生活的泉源的地方）以及**馬和劍**（在它們是**眞正的生存手段**的地方）也

都被承認爲眞正的政治的生命力。在中世紀，一個等級只要它能佩劍，就成爲自由的了。在游牧民族那裡，有馬就使人成爲自由的人，使人有可能參加共同體生活。

我們在上面說過，人回到穴居生活，然而是在一種異化的、敵對的形式下回到那裡去的。野人在自己的洞穴——這個自由地給他們提供享受和庇護的自然要素——中並不感到更陌生，反而感到如魚得水般的自在。但是，窮人的地下室住所卻是敵對的「具有異己力量的住所，只有當他把自己的血汗獻給它時才讓他居住」；他不能把這個住所看成自己的故居——在這裡他最後會說：我在這裡，就是在自己家裡——相反地，他是住在別人的家裡，住在一個每天都在暗中監視著他，只要他不交房租就立即將他拋向街頭的陌生人的家裡。他同樣知道，就質量來說，他的住所跟彼岸的在財富天國中的人的住所是完全相反的。

異化旣表現爲我的生活資料屬於別人，我所希望的東西是我不能得到的、別人的所有物；也表現爲每個事物本身都是不同於它本身的另一個東西，我的活動是另一個東西，而最後，——這也適用於資本家，——則表現爲一種非人的力量統治一切。

僅僅供享樂的、不活動的和揮霍的財富的規定在於：享受這種財富的人，一方面，僅僅作爲短暫的、恣意放縱的個人而行動，並且把別人的奴隸勞動、人的血汗看作自己的貪欲的虜獲物，因而把人本身——因而也把他本身——看作毫無價值的犧牲品（而且，對人的蔑視，表現爲對那可以維持成百人生活的東西的恣意揮霍，又表現爲一種卑鄙的錯誤觀念，即彷彿他的無節制的揮霍浪費和放縱無度的非生產性消費決定著別人的勞動，從而決定著別人的生存）；他把人的本質力量的實現，僅僅看作自己放縱的欲望、古怪的癖好

和離奇的念頭的實現。但是，另一方面，財富又被僅僅看作手段，看作應當加以消滅的東西。因而，他既是自己的財富的奴隸，同時又是它的主人；既是慷慨大方的，同時又是卑鄙的、乖戾的、傲慢的、好幻想的、文雅的、有敎養的和機智的。他還沒有體驗到**財富**是一種凌駕於自己之上的完全**異己的力量**。他寧願把財富僅僅看作自身的力量，而且［在他看來］最後的、終極的目的並［不是］財富，而是**享受**，［……………………………………………………………］①。

　　在這種……［XXI］爲感性外表所眩惑的關於財富本質的美妙幻想對面出現的是**實幹的、清醒的、平凡的、節儉的**、看淸財富本質的工業家；如果說他爲揮霍者的貪得無厭的享受開闢越來越大的範圍，並且用自己的各種產品向揮霍者獻媚——他的一切產品都是對揮霍者的欲望的曲意奉承，——那麼，他同時也懂得以唯一**有利的**方式把揮霍者的正在消失的力量據爲己有。因此，如果說工業財富起初表現爲揮霍的、幻想的財富的結果，那麼後來工業財富也以能動的方式通過它本身的運動排除了揮霍的幻想的財富。**貨幣利息**的降低是工業運動的必然後果和結果。因此，揮霍的食利者的資金日益減少，同享受的手段和誘惑的增加恰成**反**比。所以，他必定或者吃光自己的資本，從而走向破產，或者自己成爲工業資本家……另一方面，**地租**固然由於工業發展進程而直接不斷地提高，但是，正如我們已經看到的，總有一天地產也必然和其他一切財產一樣，落入那再生產著自身和利潤的資本的範疇，而這也就是同一個工業發展的結果。因而，揮霍的地主也必定或者吃光自己的資本，從而走向破產、或者自己成爲自己土地的租地農場主，即經營農業的企業

---

① 手稿這裡有幾處破損；本頁下部殘缺，原文少三行或四行。——俄文版編者注

家。

因此，貨幣利息降低，——蒲魯東把這看成資本的揚棄和資本社會化的傾向，——不如說直接地就是經營的資本對揮霍的財富的徹底勝利的徵兆，也就是一切私有財產向工業資本轉化。這是私有財產對它的一切**表面上**還是人的特性的徹底勝利和私有者對私有財產的本質——**勞動**——的完全屈服。當然，工業資本家也享受。他絕不退回到違反自然的粗陋需要。但是他的享受僅僅是次要的事情，是一種服從於生產的休息；同時，享受是**精打細算的**，從而它本身是一種**經濟的**享受，因爲資本家把自己的享受也算入資本的費用。因此，他爲自己的享受所花的錢只限於這筆花費能通過資本再生產而得到會帶來利潤的補償。所以，享受服從於資本，享受的個人服從於資本化的個人，而以前的情況恰恰相反。因此，利息的降低只有當它是資本的統治正在完成的徵兆，也就是異化正在完成因而加速揚棄的徵兆的時候，才是資本揚棄的徵兆。一般說來，這就是現存的東西確證自己的對立面的唯一方式。//

因此，國民經濟學家關於奢侈和節約的爭論，不過是已弄清了財富本質的國民經濟學同還沉湎於浪漫主義的反工業的回憶的國民經濟學之間的爭論。但是雙方都不善於把爭論的對象用簡單的詞句表達出來，因而雙方相持不下。[XXI]

[XXXIV]其次，**地租**作爲地租已經被推翻了，因爲現代國民經濟學與斷言土地所有者是唯一眞正的生產者的重農學派相反，證明土地所有者本身倒是唯一的完全不生產的食利者。農業是資本家的事情，資本家只要能夠從農業上有希望得到通常的利潤，他就會把自己的資本投入這個用途。因此，重農學派所謂土地所有者作爲唯一生產的所有者應當單獨支付國稅，從而也只有他們才有權表決

國稅並參預國事這樣的論點就變爲相反的論斷，即地租稅是對非生產收入徵收的單一稅，因而也是無損於國民生產的單一稅。顯然，這樣理解，土地所有者的政治特權就再也不可能從他們是主要納稅人這一事實得出來了。

凡是蒲魯東認爲是勞動反對資本的運動的東西，都不過是具有資本形式即**工業資本**形式的勞動反對那種不是**作爲**資本即不是以工業方式來消費的資本的運動。而且，這一運動正沿著勝利的道路即**工業**資本勝利的道路前進。——因此，我們知道，只有把**勞動**理解爲私有財產的本質，才能同時弄清楚國民經濟學的運動本身的眞正性質。

在國民經濟學家看來，**社會是資產階級社會**，在這裡任何個人都是各種需要的整體，[XXXV]並且就人人互爲手段而言，個人爲別人而存在，別人也爲他而存在。正像政治家議論**人權**時那樣，國民經濟學家也把一切都歸結爲人，即歸結爲被他抹煞了一切特性從而只看成資本家或工人的個人。

分工是關於異化範圍內的**勞動社會性**的國民經濟學用語。換言之，因爲**勞動**不過是人的活動在外化範圍內的表現，不過是作爲生命外化的生命表現，所以**分工**也無非是人的活動作爲**眞正類活動**——或**作爲類存在物的人的活動**——的異化的、外化的設定。

關於**分工的本質**——**勞動**一旦被承認爲**私有財產的本質**，分工就自然不得不被理解爲財富生產的一個主要動力——也就是關於**作爲類活動的人的活動**這種**異化的和外化的形式**，國民經濟學家們是講得極不明確和自相矛盾的。

亞當·斯密：

「**分工**原不是人類智慧的結果。它是物物交換和互相交易這種傾向緩慢而逐步發展的必然結果。這種交換傾向或許是運用理性和語言的必然結果。它爲一切人所共有，而在任何動物中間是找不到的。動物一旦成長，就完全獨立生活。人則經常需要別人的幫助，如果他單單指望別人發善心給以幫助，那是徒勞的。如果他能求助於他們的個人利益，並使他們相信，他希望他們爲他做事是對他們自己有利的，這樣就可靠得多了。在向他人求助的時候，我們不是求助於他們的**人性**，而是求助於他們的**利己主義**。我們對他們決不說**我們有需要**，而總是說對**他們有利**。——這樣一來，因爲我們互相需要的服務大部分是通過交換、交易、買賣獲得的，所以最初產生**分工**的也正是這種**交換**傾向。例如，在狩獵或游牧部落中，有個人製造弓矢比其他人又迅速、又精巧。他往往用自己製造的這些產品去同自己部落的人交換家畜和野味。他很快發覺，他用這種方法可以比他親自去狩獵得到更多東西。因此，他從自己的利益考慮，就把製造弓箭等等當作自己的主要業務。個人**天賦**的差別與其說是分工的**原因**，不如說是分工的**結果**……人如果沒有交換和交易的傾向，那麼每個人就會不得不親自生產一切生活必需品和方便品。一切人都將不得不做**同樣的日常工作**，那麼，唯一能夠造成才能上的巨大差別的**職業**上的巨大**差別**就不會存在。正像這種交換傾向造成人們才能上的差別一樣，這同一個傾向也使這種差別成爲有益的。許多同類但不同種的動物，它們在天生資質上的差別比人類在沒有受過教育以前天生資質上的差別要顯著得多。就天賦的才能和智慧來說，哲學家和搬運夫之間的差別比家犬和獵犬之間、獵犬和鶉獵犬之間、鶉獵犬和牧羊犬之間的差別要小得多。可是這些不同種的動物，儘管是同類，彼此卻幾乎無法利用。家犬雖然力大，[XXXVI] 卻不能輔以獵犬的敏捷，等等。由於缺乏交易和交換的能力或傾向，這些不同的天賦和不同程度的智力活動不能滙集在一起，因而絲毫不能增進**同類的幸福**和便利。每個動物都必須獨立生活和保衛自己；自然給予動物各種各樣的能力，動物卻不能由此得到絲毫好處。相反，人的各種極不相同的才能則能交相爲用，因爲依靠交換和交易這種普遍傾向，他們的不同才能的**不同產品**滙集成好像一個共同的資源，每個人可以按照自己的需要從中購買別人的勞動產品的一部分。因爲**交換**這種傾向產生了**分工**，所以**這種分工的發展過程**總是受**交換能力**，換句話說，受**市場的大小**限制。如果市場非常狹小，那就不會鼓勵人們完全致力於某一種職業，因爲他不能用他本身消費不了的自己勞動產品的剩餘部分，隨意換得自己需要的別人勞動產品的剩餘部分……」在**文明**狀態中，「每個人都靠交換來生活，並成爲一種**商人**，而**社會本身**，嚴格

説也成爲**商業**社會。〈見德斯杜特·德·特拉西「社會是一系列的相互交換；**商業**就是社會的整個本質」58〉……資本的積累隨著分工的發展而增長，反之亦然。」

　　以上是**亞當·斯密**說的59。

　　「如果每個家庭都生產它所需的全部消費品，那麼社會在不實行任何交換的情況下也可以繼續存在了。——雖然交換**不**是社會的**基礎**，但在我們的文明的社會狀態中不能沒有它。——分工是對人力的巧妙運用；分工可以增加社會產品，增進社會威力和社會的享受，但是它限制單個人的能力並使之退化。——没有交換就不可能有生產。」

　　這是**讓·巴·薩伊**說的60。

　　「人生來就有的力量，就是他的智力和他從事勞動的身體素質。而來源於社會狀態的力量，就是**分工**的能力和**在不同的人中間分配不同工作**的能力……就是交換**相互服務**和交換構成生活資料的各種產品的**能力**。促使一個人爲別人服務的動機是利己心，因爲他要求得到爲別人服務的報酬。——排他性的私有財產的權利是人們之間進行交換的必要條件。」「交換和分工是相互制約的。」

　　這是**斯卡爾貝克**說的61。

　　穆勒把發達的交換即**商業**說成是**分工的結果**：

　　「人的活動可以歸結爲極簡單的要素。實際上，人能做的不過是生產出運動；他能夠移動物品，[XXXVII]使它們相互離開或相互接近；其餘的事情則由物質的特性來完成。人們在使用勞力和機器時常常發現，把互相妨碍的操作分開並把一切能以某種方式相輔相成的操作結合起來，通過這樣巧妙的分配，就可以加強效果。一般地說，人們不能以從事少數幾項操作所練出來的速度和技巧來從事多項不同操作。因此，盡可能地限制每個人的操作項目，總是有利的。——爲了最有利地進行分工以及分配人力和機器力，在多數情況下，必須從事大規模生產，換句話説，必須大批地生產財富。這種好處是促使大製造業產生的原因。有少數在有利條件下建立起來的這種大製造業，往往不僅向一個

國家，而且向幾個國家，按照所要求的數量，供應它們所生產的產品。」

這是**穆勒**說的[62]。

但是，全部現代國民經濟學都一致同意：分工同生產的豐富，分工同資本的積累是相互制約的；只有**自由放任**的私有財產才能創造出最有利的和無所不包的分工。

亞當‧斯密的論述可以歸納如下：

分工給勞動以無限的生產能力。它起源於人所特有的**交換**和**交易的傾向**，這種傾向大概不是偶然的，而是運用理性和語言的結果。進行交換的人們的動機不是**人性**而是**利己主義**。人的才能的差別與其說是分工即交換的原因，不如說是它的結果。只有交換才使這種差別成爲有益的。同類而不同種的動物的特性的天生差別比人的秉賦和活動的差別顯著得多。但是因爲動物不能從事**交換**，所以同類而不同種的動物所具有的不同特性，不能給任何動物個體帶來任何好處。動物不能把同類的不同特性滙集起來；它們不能爲同類的**共同利益**和方便做出任何貢獻。**人**則不同，各種各樣的才能和活動方式可以相互利用，**因爲人能夠把各種不同的**產品滙集成一個共同的資源，每個人都可以從中購買所需要的東西。因爲分工是從**交換**的傾向產生的，所以分工依**交換、市場的規模大小**而發展或受到限制。在文明狀態中，每個人都是**商人**，而社會則是**商業社會**。

薩伊把**交換**看成偶然的、非基本的東西。社會沒有交換也可以存在。在文明的社會狀態中，交換才成爲必要的。但是，**沒有交換不可能有生產**。分工對於創造社會財富來說是一個**方便的、有用的**手段，是人力的巧妙運用，但是它使**每一單個人的能力**退化。最後這個意見是薩伊的進步。

　　斯卡爾貝克把個人的、人生來就有的力量即智力和從事勞動的身體素質，同來源於社會的力量，即相互制約的交換和分工區別開來。但是私有財產是交換的必要前提。在這裡，斯卡爾貝克用客觀的形式表述了斯密、薩伊、李嘉圖等人所說的東西，因爲斯密等人指出利己主義、私人利益是交換的基礎，並把買賣稱爲交換的本質的和適合的形式。

　　穆勒把商業說成是分工的結果。他認爲，人的活動可歸結爲機械的運動。分工和採用機器可以促進生產的豐富。委託給每個人的操作範圍應盡可能小。分工和採用機器也決定著財富的大量生產即生產的集中。這是大製造業產生的原因。

　　[XXXVIII]考察分工和交換是很有意思的，因爲分工和交換是人的活動和本質力量——作爲類的活動和本質力量——的明顯外化的表現。

　　說分工和交換以私有財產爲基礎，等於說勞動是私有財產的本質，國民經濟學不能證明這個論斷而我們則願意替他證明。分工和交換是私有財產的形式這一情況恰恰包含著雙重證明：一方面人的生命爲了本身的實現曾經需要私有財產；另一方面人的生命現在需要消滅私有財產。

　　分工和交換是這樣的兩個現象，國民經濟學在考察它們時誇耀自己的科學的社會性，同時也無意中說出了他的科學所包含的矛盾，即依靠非社會的特殊利益來論證社會。

　　我們應當考察下述各個要素：

　　第一，交換的傾向——國民經濟學認爲利己主義是它的基礎——被看作分工的原因或分工的相互作用的因素。薩伊認爲交換對於社會的本質來說不是什麼基本的東西。用分工和交換來說明財富、

生產。分工使個人活動貧乏和退化。交換和分工被認為是產生**人的才能的**巨大**差別**的原因，而這種差別又由於交換而成為**有益的**。斯卡爾貝克把人的生產的本質力量或者說生產性的本質力量分為兩部分：(1)個人的、他所固有的力量，即他的智力和從事一定勞動的特殊素質或能力；(2)**來源於**社會而不是來源於現實個人的力量，即分工和交換。——其次：分工受**市場**的限制。——人的勞動是簡單的**機械的運動**；最主要的事情由對象的物質特性去完成。——分配給每一個人的操作應當盡可能少。——勞動的畫分和資本的積聚，個人生產的無效果和財富的大量生產。——自由的私有財產對於分工的意義。

［貨　幣］

[XLI] 如果人的**感覺**、激情等等不僅是在 [狹隘] 意義上的人本學的規定, 而且是對本質 (自然) 的眞正**本體論**的肯定; 如果感覺、激情等等僅僅通過它們的**對象**對它們**感性地**存在這一事實而現實地肯定自己, 那麼, 不言而喩的是: (1)它們的肯定方式決不是同樣的, 相反, 不同的肯定方式構成它們的存在、它們的生命的特殊性; 對象以怎樣的方式對它們存在, 這就是它們的**享受**的特有方式; (2)如果感性的肯定是對採取獨立形態的對象的直接揚棄(如吃、喝、對象的加工, 等等), 那麼這也就是對象的肯定, (3)只要人是**人的**, 因而他的感覺等等也是**人的,** 那麼對象爲他人所肯定, 這同樣是他自己的享受; (4)只有通過發達的工業, 也就是以私有財產爲中介, 人的激情的本體論本質才能在總體上、合乎人性地實現; 因此, 關於人的科學本身是人在實踐上的自我實現的產物; (5)如果撇開私有財產的異化, 那麼私有財產的意義就在於**本質的對象**——既作爲享受的對象, 又作爲活動的對象——對人的**存在**。

貨幣, 因爲具有購買一切東西、占有一切對象的**特性,** 所以是最突出的**對象**。貨幣的這種**特性**的普遍性是貨幣的本質的萬能; 所以它被當成萬能之物。貨幣是需要和對象之間、人的生活和生活資料之間的**牽線人**。但是在我和**我的**生活之間充當媒介的**那個東西,** 也在**我**和他人爲我的存在之間**充當媒介**。對我來說**他人**就是這個意思。

「什麼謊話！你的脚，你的手，
你的屁股，你的頭，這當然是你的所有；
但假如我能夠巧妙地使用，
難道不就等於是我的所有？
我假如出錢買了六匹馬兒，
這馬兒的力量難道不是我的？
我駕御著它們眞是威武堂堂，眞好像我生就二十四隻脚一樣。」

　　　　　　歌德《浮士德》（靡菲斯特斐勒司的話）①

莎士比亞在《雅典的泰門》中說：

「金子！黃黃的、發光的、寶貴的金子！
不，天神們啊，
我不是無聊的拜金客…………
這東西，只這一點點兒，
就可以使黑的變成白的，醜的變成美的；
錯的變成對的，卑賤變成尊貴，
老人變成少年，懦夫變成勇士。
…………
這東西會把你們的祭司和僕人從你們的身旁拉走，
把壯士頭顱底下的枕墊抽去；
這黃色的奴隸可以使異教聯盟，同宗分裂；
它可以使受咒詛的人得福，
使害著灰白色的癩病的人爲衆人所敬愛；
它可以使竊賊得到高爵顯位，和元老們分庭抗禮；
它可以使雞皮黃臉的寡婦重做新娘，
即使她的尊容會使那身染惡瘡的人見了嘔吐，
有了這東西也會恢復三春的嬌艷。
…………

---

① 歌德《浮士德》第四場（《書齋》）。——俄文版編者注

該死的土塊①，你這人盡可夫的娼婦，
你慣會在亂七八糟的列國之間挑起紛爭。」

並且下面又說：

「啊，你可愛的凶手，
帝王逃不過你的掌握，
親生的父子會被你離間！
你燦爛的奸夫，
淫污了純潔的婚床！
你勇敢的瑪爾斯②！
你永遠年輕韶秀、永遠被人愛戀的嬌美的情郎，
你的羞顏可以融化了黛安娜女神膝上的冰雪！
你有形的神明，
你會使**冰炭**化爲膠漆，仇敵互相親吻！
[XLII] 爲了不同的目的，
你會説任何的方言！
你動人心坎的寶物啊！
你的奴隸，那些人類，要造反了，
快快運用你的法力，讓他們互相**砍殺**，
留下這個世界來給獸類統治吧!」③

　　莎士比亞把**貨幣**的本質描繪得十分出色。爲了理解他，我們首先從解釋歌德那幾行詩句開始。

　　依靠**貨幣**而對我存在的東西，我能付錢的東西，即**貨幣能購買**的東西，就是**我**——貨幣持有者**本身**。貨幣的力量多大，我的力量

---

① 馬克思引用的是《雅典的泰門》德文版，此處爲"MeTall"（金屬）。——編者注
② 瑪爾斯是古代羅馬人的戰神。——編者注
③ 莎士比亞《雅典的泰門》第四幕第三場。——俄文版編者注

就多大。貨幣的特性就是我——貨幣持有者的特性和本質力量。因此，我**是**什麼和我**能夠**做什麼，這決不是由我的個性來決定的。我是**醜**的，但是我能給我買到**最美的**女人。可見，我並不**醜**，因為**醜**的作用，醜的嚇人的力量，被貨幣化為烏有了。我——就我的個人特點而言——是個**跛子**，可是貨幣使我獲得二十四隻腳；可見，我並不是跛子。我是一個邪惡的、不誠實的、沒有良心的、沒有頭腦的人，可是貨幣是受尊敬的，所以，它的持有者也受尊敬。貨幣是最高的善，所以，它的持有者也是善的。此外，貨幣還使我不必為成為不誠實的人傷腦筋，所以我事先就被認定是誠實的。我是**沒有頭腦的**，但貨幣是萬物的**實際的頭腦**，貨幣持有者又怎麼會沒有頭腦呢？再加上他可以給自己買到很有頭腦的人，而能夠支配他們的人，不是比他們更有頭腦嗎？既然我能夠憑藉貨幣得到人心所渴望的**一切東西**，那我不是具有人的一切能力了嗎？這樣，我的貨幣不是就把我的種種無能變成它們的對立物了嗎？

如果**貨幣**是把我同**人的**生活，把我同社會，把我同自然界和人們聯結起來的紐帶，那麼貨幣難道不是一切**紐帶**的紐帶嗎？它難道不能夠解開和繫緊任何紐帶嗎？因此，它難道不也是普遍的**離間手段**嗎？它既是地地道道的使人分離的「**輔幣**」，也是地地道道的**結合手段**；它是社會的〔……〕①**化合**力。

莎士比亞特別強調了貨幣的兩個特性：

(1)它是有形的神明，它使一切人的和自然的特性變成它們的對立物，使事物普遍混淆和顛倒；它能使冰炭化為膠漆。

(2)它是人盡可夫的娼婦，是人們和各民族的普遍牽線人。

---

① 手稿此處缺損。——俄文版編者注

　　使一切人的和自然的性質顛倒和混淆，使冰炭化爲膠漆——貨幣的這種**神**力包含在它的**本質**中，即包含在人的異化的、外化的和外在化的**類本質**中。它是**人類的**外化的**能力**。

　　凡是我作爲人所不能做到的，也就是我個人的一切本質力量所不能做到的，我依靠**貨幣**都能做到。因而貨幣把每一種本質力量都變成它本來所不是的那個東西，即變成它的**對立物**。

　　當我想要食物或者因我身體不佳，不能步行，想坐郵車的時候，貨幣就使我獲得食物和郵車，這就是說，它把我的願望從觀念的東西，從它們的想像的、表象的、期望的存在，轉化成它們的**感性的、現實的**存在，從觀念轉化成生活，從想像的存在轉化成現實的存在。作爲這樣的媒介，貨幣是**眞正的創造力**。

　　當然，沒有貨幣的人也有**需求**，但他的需要只是一種觀念的東西，它對我、對第三者、對另一個人［ⅩLⅢ］是不起任何作用的，不存在的，因而對於我依然是**非現實的，無對象的**。以貨幣爲基礎的有效的需求和以我的需要、我的激情、我的願望等等爲基礎的無效的需求之間的差別，是**存在**和**思維**之間的差別，是只在我心中**存在**的觀念和那作爲**現實對象**在我之外對我存在的觀念之間的差別。

　　如果我沒有供旅行用的貨幣，那麼我也就沒有旅行的**需要**，也就是說，沒有現實的和可以實現的旅行的需要。如果我有進行研究的**本領**，而沒有進行研究的貨幣，那麼我也就**沒有**進行研究的本領，即沒有進行研究的**有效的、眞正的**本領。相反地，如果我實際上**沒有**進行研究的本領，但我有願望**和**貨幣，那麼我也就有進行研究的**有效的**本領。**貨幣**是一種外在的、並非從作爲人的人和作爲社會的人類社會產生的、能夠把**觀念**變成**現實**而把**現實**變成**純觀念**的普遍**手段和能力**，它把**現實的、人的和自然的**本質力量變成純抽象的觀

念，並因而變成**不完善性**和充滿痛苦的幻想；另一方面，同樣地把**現實的不完善性和幻想**，個人的實際上無力的、只在個人想像中存在的本質力量，變成**現實的本質力量和能力**。因此，僅僅按照這個規定，貨幣就已是**個性**的普遍顛倒：它把個性變成它們的對立物，賦予個性以與它們的特性相矛盾的特性。

其次，對於個人和對於那些以獨立**本質**自居的、社會的和其他的聯繫，貨幣也是作爲這種**顛倒黑白的**力量出現的。它把堅貞變成背叛，把愛變成恨，把恨變成愛，把德行變成惡行，把惡行變成德行，把奴隸變成主人，把主人變成奴隸，把愚蠢變成明智，把明智變成愚蠢。

因爲貨幣作爲現存的和起作用的價值概念把一切事物都混淆和替換了，所以它是一切事物的普遍的**混淆和替換**，從而是顛倒的世界，是一切自然的性質和人的性質的混淆和替換。

誰能買到勇氣，誰就是勇敢的，即使他是膽小鬼。因爲貨幣所交換的不是特定的性質，不是特定的事物或特定的人的本質力量，而是人的、自然的整個對象世界，所以，從貨幣持有者的觀點看來，貨幣能把任何特性和任何對象同其他任何即使與它相矛盾的特性或對象相交換，貨幣能使冰炭化爲膠漆，能迫使仇敵互相親吻。

我們現在假定人就是人，而人同世界的關係是一種人的關係，那麼你就只能用愛來交換愛，只能用信任來交換信任，等等。如果你想得到藝術的享受，那你就必須是一個有藝術修養的人。如果你想感化別人，那你就必須是一個實際上能鼓舞和推動別人前進的人。你同人和自然界的一切關係，都必須是你的**現實的個人**生活的、與你的意志的對象相符合的**特定表現**。如果你在戀愛，但沒有引起對方的反應，也就是說，如果你的愛作爲愛沒有引起對方的愛，如果

你作爲戀愛者通過你的**生命表現**沒有使你成爲**被愛的人**，那麼你的愛就是無力的，就是不幸。[XLIII]

［對黑格爾的辯證法和
整個哲學的批判］

[XI] (6)在這一部分，爲了便於理解和論證，對黑格爾辯證法，特別是《現象學》和《邏輯學》中的有關敍述，以及最後對最近的批判運動同黑格爾的關係作一些說明，也許是適當的。

現代德國的批判，著意研究舊世界的內容，而且批判的發展完全拘泥於所批判的材料，以致對批判的方法採取完全非批判的態度，同時，對於我們如何對待黑格爾**辯證法**，這一**表面上看來是形式的**問題，而實際上是**本質的**問題，則完全缺乏認識。對於現代的批判同黑格爾哲學，特別是同辯證法的關係問題是如此缺乏認識，以致像**施特勞斯**和**布魯諾·鮑威爾**這樣的批判家——前者是完完全全地，後者在自己的《複類福音作者》**63**中（與施特勞斯相反，他在這裡用抽象的人的「自我意識」代替了「抽象的自然界」的實體），甚至在《基督教眞相》**64**中，至少有可能完全地——仍然拘泥於黑格爾的邏輯學。例如《基督教眞相》一書中說：

「自我意識設定世界、設定差別，並且在它所創造的東西中創造自身，因爲它重新揚棄了它的創造物同它自身的差別，因爲它只是在創造活動中和運動中才是自己本身，——這個自我意識在這個運動中似乎就沒有自己的目的了」，等等。或者說：「他們〈法國唯物主義者〉還未能看到，宇宙的運動只有作爲自我意識的運動，才能實際成爲自爲的運動，從而達到同自身的統一。」

這些說法連語言上都和黑格爾的觀點毫無區別，而且毋寧說是

在逐字逐句重述黑格爾的觀點。

　　[XII] 鮑威爾在他的《自由的正義事業》65一書中對格魯培先生提出的「那麼邏輯學的情況如何呢?」這一唐突的問題避而不答，卻讓他去問未來的批判家66。這表明，鮑威爾在進行批判活動（鮑威爾《複類福音作者》）時對於同黑格爾辯證法的關係是多麼缺乏認識，而且在物質的批判活動之後也還缺乏這種認識。

　　但是即使現在，在**費爾巴哈**既在收入《軼文集》的《綱要》中，也更詳細地在《未來哲學》中從根本上推翻了舊的辯證法和哲學之後；在不能完成這一事業的上述批判，反而認爲這一事業已經完成，並且自封爲純碎的、堅決的、絕對的、洞察一切的批判之後；在批判以唯靈論的狂妄自大態度把整個歷史運動歸結爲其餘的世界（它把這個世界與它自身對立起來而歸入「群衆」這一範疇）和它自身的關係，並且把一切獨斷的對立消融於它自身的聰明和世界的愚蠢之間、批判的基督和作爲「**群氓**」的人類之間的**一個**獨斷的對立中之後；在批判每日每時以群衆的愚鈍來證明它本身的超群出衆之後；在批判最後宣告批判的**末日審判**，宣稱這樣一天——那時整個正在墮落的人類將集合在批判面前，由批判加以分類，而每一類人都將得到一分貧困證明書——即將來臨之後；在批判於報刊上宣布它既對人的感覺又對它自己獨標一格地君臨其上的世界具有優越性，而且不時從它那譏諷的嘴唇發出奧林帕斯諸神的哄笑聲之後，——在以批判的形式消逝著的唯心主義（青年黑格爾主義）做出這一切滑稽可笑的動作之後，這種唯心主義甚至絲毫沒有暗示現在已經到了同自己的母親，即黑格爾辯證法批判地劃清界限的時候，甚至也［絲毫］未能表明它對費爾巴哈辯證法的批判態度。這是對自身持完全非批判的態度。

費爾巴哈是唯一對黑格爾辯證法採取**嚴肅的、批判的**態度的人；只有他在這個領域內作出了眞正的發現，總之他眞正克服了舊哲學。費爾巴哈成就的偉大以及他把這種成就貢獻給世界時所表現的那種謙虛的純樸，同批判所持的相反的態度恰成驚人的對照。

費爾巴哈的偉大功績在於：

(1)證明了哲學不過是變成思想的並且經過思考加以闡述的宗教，不過是人的本質的異化的另一種形式和存在方式；從而，哲學同樣應當受到譴責；

(2)創立了**眞正的唯物主義**和**現實的科學**，因爲費爾巴哈使「人與人之間的」社會關係成了理論的基本原則；

(3)他把基於自身並且積極地以自身爲基礎的肯定的東西，同自稱是絕對的肯定的東西的那個否定的否定對立起來。

費爾巴哈這樣解釋了黑格爾辯證法（從而論證了要從肯定的東西，即從感覺確定的東西出發）：

黑格爾從異化出發（在邏輯上就是從無限的東西、抽象的普遍的東西出發），從實體出發，從絕對的和不變的抽象出發，就是說，說得更通俗些，他從宗教和神學出發。

第二，他揚棄了無限的東西，設定了現實的、感性的、實在的、有限的、特殊的東西（哲學，對宗教和神學的揚棄）。

第三，他重新揚棄了肯定的東西，恢復了抽象、無限的東西。宗教和神學的恢復。

由此可見，費爾巴哈把否定的否定**僅僅**看作哲學同自身的矛盾，看作在否定神學（超驗性等等）之後又肯定神學的哲學，即同自身相對立而肯定神學的哲學。

否定的否定所包含的肯定，或自我肯定和自我確證，被認爲是

對自身還不能確信，因而自身還受對立面影響的、對自身懷疑因而需要證明的肯定，即被認為是還沒有用自己的存在證明自身的、還沒有被承認的[XIII]肯定；可見，感覺確定的、以自身為基礎的肯定，是同這種肯定直接地而非間接地對立著的①。

　　但是，由於黑格爾根據否定的否定所包含的肯定方面，把否定的否定看成真正的和唯一的肯定的東西，而根據它所包含的否定方面把它看成一切存在的唯一真正的活動和自我實現的活動，所以他只是為那種歷史的運動找到**抽象的、邏輯的、思辨的**表達，這種歷史還不是作為既定的主體的人的**現實的**歷史，而只是人的**產生的活動、人的發生的歷史**。

　　我們既要說明這一運動在黑格爾那裡所採取的抽象形式，也要說明這一和現代的批判相反的運動，同費爾巴哈的《基督教的本質》一書所描述的同一過程的區別；或者更正確些說，要說明這一在黑格爾那裡還是非批判的運動所具有的**批判**形式。

　　現在看一看黑格爾的體系。必須從黑格爾的《**現象學**》即從黑格爾哲學的真正誕生地和秘密開始。

　　現象學。

　　(A)**自我意識**。

　　Ⅰ.**意識**。α感性確定性，或「這一個」和**意謂**。(β)**知覺**，或具有特性的事物和**幻覺**。(γ)力和知性，現象和超感覺世界。

　　Ⅱ.**自我意識**。自身確定性的真理。(a)自我意識的獨立性和非獨立性，主人和奴隸。(b)自我意識的自由。斯多葛主義，懷疑主義，

---

① 馬克思在這裡加了一句話：「費爾巴哈把否定的否定、具體概念看作在思維中超越自身的和作為思維而想直接成為直觀、自然界、現實的思維。」**67**——編者注

苦惱的意識。

　　III.**理性**。理性的確定性和眞理。(a)觀察的理性；對自然界和自我的意識的觀察。(b)理性的自我意識通過自身來實現。快樂和必然性。心的規律和自大狂。德行和世道。(c)自在和自爲地實在的個性。精神的動物界和欺騙，或事情本身。立法的理性。審核法律的理性。

　　(B)**精神**。

　　Ⅰ.**眞的**精神；倫理。II.自我異化的精神，敎養。III.確定自身的精神，道德。

　　(C)宗敎。**自然宗敎，藝術宗敎，啓示**宗敎。

　　(D)**絕對知識**。

　　因爲黑格爾的《**哲學全書**》以邏輯學，以**純粹的思辨的思想**開始，而以**絕對知識**，以自我意識的、理解自身的哲學的或絕對的即超人的抽象精神結束，所以整整一部《哲學全書》不過是哲學精神**的展開的本質**，是哲學精神的自我對象化；而哲學精神不過是在它的自我異化內部通過思考理解，即抽象地理解自身化的、異化的宇宙精神。**邏輯學**是精神的**貨幣**，是人和自然界的思辨的**思想的價值**——人和自然界的同一切現實的規定性毫不相干的、因而是非現實的本質，——是**外化的**因而從自然界和現實的人抽象出來的**思維**，即**抽象**思維。——**這種抽象思維的外在性**就是……**自然界**，就像自然界對這種抽象思維所表現的那樣。自然界對抽象思維說來是外在的，是抽象思維的自我喪失；而抽象思維也是外在地把自然界作爲抽象的思想來理解，然而是作爲外化的、抽象的思維來理解。——最後，**精神**，這個回到自己的誕生地的思維，這種思維在它終於發現自己和肯定自己就是**絕對**知識，因而就是絕對的即抽象的精神之前，在它獲得自己的自覺的、與自身相符合的存在之前，它作爲人類學

的、現象學的、心理學的、倫理的、藝術的、宗教的精神，總還不是自身。因爲它的現實存在就是**抽象**。

黑格爾有雙重錯誤。

第一個錯誤在黑格爾哲學的誕生地《現象學》中表現得最爲明顯。例如，當他把財富、國家權力等等看成同**人的**本質相異化的本質時，這只是就它們的思想形式而言。它們是思想的本質，因而只是**純粹的**即抽象的哲學思維的異化。因此，整個運動是以絕對知識結束的。這些對象從中異化出來的並且以現實性自居而與之對立的，恰恰是抽象的思維。**哲學家**——他本身是異化的人的抽象形象——把自己變成異化的世界的**尺度**。因此，全部**外化歷史**和外化的全部**消除**，不過是抽象的、絕對的 [XVII]① 思維的**生產史**，即邏輯的思辨的思維的**生產史**。因而，**異化**——它從而構成這種外化的以及這種外化之揚棄的眞正意義——是**自在**和**自爲**之間、**意識**和**自我意識**之間、**客體**和**主體**之間的對立，也就是抽象思維同感性的現實，或現實的感性在思想本身範圍內的對立。其他一切對立及其運動，不過是這種唯一有意義的對立的**外觀**、**外殼**、**公開**形式，這些對立構成其他世俗對立的**意義**。在這裡，不是人的本質**以非人的方式**同自身對立的**對象化**，而是人的本質以**不同於**抽象思維的方式，並且同抽象思維**對立**的**對象化**，被當作異化的被設定的和應該揚棄的本質。

[XVIII] 因此，對於人的已成爲對象而且是異己對象的本質力量的**占有**，**首先**不過是那種在**意識**中、在**純思維**中即在**抽象**中發生的占有，是對這些作爲**思想和思想運動**的對象的占有；因此，在《現

---

① 在手稿中，作者在這裡指明爲第 XIII 頁。——俄文版編者注

象學》中，儘管已有一個完全否定的和批判的外表，儘管實際上已包含著那種往往早在後來發展之前就有的批判，黑格爾晚期著作的那種非批判的實證主義，和同樣非批判的唯心主義——現有經驗在哲學上的分解和恢復——已經以一種潛在的方式，作爲萌芽、潛能和秘密存在著了。**其次**，因此，要求把對象世界歸還給人——例如，有這樣一種理解：**感性**意識不是**抽象**感性的意識，而是**人的**感性的意識；宗教、財富等等不過是**人的**對象化的異化的現實，是客體化的**人的**本質力量的異化的現實；因而，宗教、財富等等不過是通向**眞正人的**現實的**道路**，——這種對人的本質力量的占有或對這一過程的理解，在黑格爾那裡是這樣表現的：**感性**、**宗教**、國家權力等等是**精神的**本質，因爲只有**精神**才是人的**眞正的**本質，而精神的眞正的形式則是能思維的精神，邏輯的、思辨的精神。自然界的**人性**和歷史所創造的自然界——人的產品——的**人性**，就表現在它們是抽象精神的**產物**，所以，在這個限度內是**精神的**環節即**思想本質**。因此，《現象學》是一種隱蔽的、自身還不清楚的、神秘化的批判；但是，由於《現象學》緊緊抓住人的**異化**，——儘管人只是以精神的方式出現的，——其中仍然隱藏著批判的**一切**要素，而且這些要素往往已經以遠遠超過黑格爾觀點的方式**準備好**和**加過工了**。關於「苦惱的意識」、「誠實的意識」、「高尚的意識和卑鄙的意識」的鬥爭等等、等等這些章節，包含著對宗教、國家、市民生活等整個整個領域的**批判的**要素，但還是通過異化的形式。正像**本質**、**對象**表現爲**思想的本質**一樣，**主體**也始終是**意識**或**自我意識**，或者更正確些說，對象僅僅表現爲**抽象的**意識，而人僅僅表現爲**自我意識**。因此，在《現象學》中出現的異化的各種不同形式，不過是意識和自我意識的不同形式。正像抽象的意識**本身**（對象就被看成這樣的意

識）僅僅是設定差別的自我意識的一個環節一樣，這一運動的結果表現爲自我意識和意識的同一，絕對知識，那種已經不是朝向外部而是僅僅在自身內部進行的抽象思維運動，也就是說，其結果是純思想的辯證法。① [XVIII]

[XXIII] ②因此，黑格爾的《現象學》及其最後成果——作爲推動原則和創造原則的否定性的辯證法——的偉大之處首先在於，黑格爾把人的自我產生看作一個過程，把對象化看作非對象化，看作外化和這種外化的揚棄；因而，他抓住了**勞動的**本質，把對象性的人、現實的因而是眞正的人，理解爲他**自己的勞動**的結果。人同作爲類存在物的自身發生**現實的、能動的**關係，或者說，人使自身作爲現實的類存在物，即作爲人的存在物實際表現出來，只有通過下述途徑才是可能的：人實際上把自己的**類的力量**統統發揮出來（這又是只有通過人類的全部活動、只有作爲歷史的結果才有可能），並且把這些力量當作對象來對待，而這首先又是只有通過異化的形式才有可能。

我們將以《現象學》的最後一章——絕對知識——來詳細說明黑格爾的片面性和局限性。這一章旣概括地闡述了《現象學》的精神、它同思辨的辯證法的關係，也概括地闡述了黑格爾對這二者及其相互關係的**理解**。

讓我們先指出一點：黑格爾站在現代國民經濟學家的立場上。他把**勞動**看作人的**本質**，看作人的自我確證的本質；他只看到勞動的積極的方面，而沒有看到它的消極的方面。勞動是**人**在**外化**範圍

① 在手稿中作者指出：下接第ⅩⅩⅡ頁，但是手稿沒有這一頁。——俄文版編者注
② 在手稿中，作者在這裡指明爲第ⅩⅤⅢ頁。——俄文版編者注

內或者作爲**外化的**人的**自爲的生成**。黑格爾唯一知道並承認的勞動是**抽象的精神的**勞動。因此，黑格爾把一般說來構成哲學的**本質**的那個東西，即**知道自身的人的外化**，或者**思考自身的、外化的**科學看成勞動的本質；因此，同以往的哲學相反，他能把哲學的各個環節總括起來，並且把自己的哲學說成就是**這個**哲學。其他哲學家做過的事情——把自然界和人類生活的各個環節看作自我意識的，以至抽象的自我意識的環節，黑格爾則**認爲**是哲學本身**所做的事情**。因此，他的科學是絕對的。

現在讓我們轉到我們的本題上來。

絕對知識。《現象學》的最後一章。

主要之點就在於：**意識的對象**無非就是**自我意識**；或者說，對象不過是**對象化的自我意識**、作爲對象的自我意識（把人和自我意識等同起來）。

因此，問題就在於克服**意識的對象**。**對象性**本身被認爲是人的**異化的**、同**人的本質**（自我意識）不相適應的關係。因此，**重新占有**在異化規定下作爲異己的東西產生的、人的對象性的本質，這不僅具有揚棄**異化**的意義，而且有揚棄**對象性**的意義，這就是說，人被看成**非對象性的、唯靈論的**存在物。

黑格爾對**克服意識的對象**的運動作了如下的描述：

對象不僅表現爲向**自我**〔das *Selbst*〕復歸的東西（在黑格爾看來，這是對第一運動的**片面的**，即只抓住了一個方面的理解）。把人和自我等同起來。而自我不過是被**抽象地**理解的和通過抽象產生出來的人。人**是**自我的〔selbstisch〕。人的眼睛、人的耳朵等等都是**自我的**；人的每一種本質力量在人身上都具有**自我性**這種特性。但正因爲這樣，說**自我意識**具有眼睛、耳朵、本質力量，就完全錯了。

毋寧說**自我意識**是人的自然即人的眼睛等等的質，而並非人的自然是〔XXIV〕**自我意識**的質。

被抽象化和固定化的自我，就是作爲**抽象的利己主義者**的人，就是在自己的純粹抽象中被提升到思維的**利己主義**（下文還要談到這一點）。

人的本質，人，在黑格爾看來是和**自我意識**等同的。因此，人的本質的一切異化都**不過是自我意識的異化**。自我意識的異化沒有被看作人的本質的**現實**異化的**表現**，即在知識和思維中反映出來的這種異化的表現。相反地，**現實的**即眞實地出現的異化，就其潛藏在**內部最深處的**——並且只有哲學才能揭示出來的——本質說來，不過是眞正的、人的本質即**自我意識**的異化的**現象**。因此，掌握了這一點的科學就叫作**現象學**。因此，對異化的、對象性的本質的任何重新占有，都表現爲把這種本質合併於自我意識：掌握了自己本質的人，**僅僅是**掌握了對象性本質的自我意識。因此，對象向自我的復歸就是對象的重新占有。

意識的對象的克服可**全面**表述如下：

(1)對象本身對意識說來是正在消逝的東西；

(2)自我意識的外化就是設定物性；

(3)這種外化不僅有**否定的**意義，而且有**肯定的**意義；

(4)它不僅**對我們**或者說自在地有這種意義，而且**對意識本身**也有這種意義；

(5)對象的否定，或對象的自我揚棄，**對意識**所以有**肯定的**意義（或者說，它所以**知道**對象的這種虛無性），是由於意識把自身外化了，因爲意識在這種外化中把**自身**設定爲對象，或者說，由於**自爲的存在**的不可分割的統一性，而把對象設定爲自身；

(6)另一方面，這裡同時包含著另一個環節，即意識既揚棄這種外化和對象性，同樣也把它們收回到自身，因而，它在**自己的**異在**本身**中也就是**在自己那裡**；

(7)這就是意識的運動，因而也就是意識的各個環節的總體；

(8)意識必須既依據自己的各個規定的總體對待對象，同樣也必須依據這個總體的每一個規定來考察對象。意識的各個規定的這種總體使對象**本身**成爲**精神的本質**，而對於意識說來，對象所以眞正成爲**精神的本質**，是由於把對象的每一個別的規定理解爲**自我**的規定，或者說，是由於對這些規定採取了上述的**精神的**態度[68]。

關於(1)。——所謂對象本身對意識說來是正在消逝的東西，就是上面提到的**對象向自我的復歸**。

關於(2)。——**自我意識的外化**設定**物性**。因爲人等於自我意識，所以人的外化的、對象性的本質即**物性**（即**對他說來**是**對象**的那個**東西**，而只有對他說來是本質的對象，並因而是他的**對象性的**本質的那個東西，才是他的眞正的對象。既然被當作主體的不是**現實的人**本身，因而也不是**自然**——因爲人是**人的自然**，——而只是人的抽象，即自我意識，所以，物性只能是外化的自我意識），等於**外化的自我意識**，而**物性**是由這種外化設定的。一個有生命的、自然的、具備並賦有對象性的，即物質的本質力量的存在物，既擁有他的本質的**現實的**、自然的**對象**，他的自我外化又設定一個**現實的**、但以**外在性**的形式表現出來因而不屬於他的本質的，而且極其強大的對象世界，這是十分自然的。這裡並沒有什麼不可捉摸的和神秘莫測的東西。相反的情況倒是神秘莫測的。但同樣明顯的是，**自我意識**通過自己的外化所能設定的只是**物性**，即只是抽象物、抽象的物，而不是**現實的**物。[XXVI] ①同樣很明顯的是：物性因此對自我意

識說來絕不是什麼**獨立的、實質的東西**，而只是純粹的創造物，是自我意識所**設定的東西**，這個被設定的東西並不證實自己，而只是證實設定這一行動，這一行動在一瞬間把自己的能力作爲產物固定下來，使它**似乎**具有獨立的、現實的本質的作用——但仍然只是在一瞬間。

當現實的、有形體的、站在穩固的地球上呼出和吸入一切自然力的**人**，通過自己的外化把自己現實的、對象性的**本質力量設定**爲異己的對象時，這種**設定**並不是主體；它是**對象性的**本質力量的主體性，因而這些本質力量的活動也必須是**對象性的**活動。對象性的存在物是進行對象性活動的，而只要它的本質規定中不包含對象性的東西，它就不能進行對象性的活動。它所以能創造或設定對象，只是因爲它本身是被對象所設定的，因爲它本來就是**自然界**。因此，並不是它在設定這一行動中從自己的「純粹的活動」轉而**創造對象**，而是它的**對象性的**產物僅僅證實了它的**對象性**活動，證實了它的活動是對象性的自然存在物的活動。

我們在這裡看到，徹底的自然主義或人道主義，既不同於唯心主義，也不同於唯物主義，同時又是把這二者結合的真理。我們同時也看到，只有自然主義能夠理解世界歷史的行動[69]。

人直接地是自然存在物[70]。人作爲自然存在物，而且作爲有生命的自然存在物，一方面具有**自然力、生命力**，是**能動的**自然存在物；這些力量作爲天賦和才能、作爲**欲望**存在於人身上；另一方面，人作爲自然的、肉體的、感性的、對象性的存在物，和動植物一樣，是**受動的**、受制約的和受限制的存在物，也就是說，他的欲望的**對**

---

① 馬克思在手稿的頁碼中沒有標示出第XXV頁。——俄文版編者注

象是作爲不依賴於他的**對象**而存在於他之外的；但這些對象是他的**需要**的**對象**；是表現和確證他的本質力量所不可缺少的、重要的**對象**。說人是**肉體的**、有自然力的、有生命的、現實的、感性的、對象性的存在物，這就等於說，人有**現實的、感性的對象**作爲自己的本質，即自己的生命表現的對象；或者說，人只有憑藉現實的、感性的對象才能**表現**自己的生命。說一個東西**是**對象性的、自然的、感性的，這是說，在這個東西之外有對象、自然界、感覺；或者說，它本身對於第三者說來是對象、自然界、感覺，這都是同一個意思。**饑餓**是自然的**需要**；因而爲了使自己得到滿足、得到溫飽，他需要在他之外的**自然界**、在他之外的**對象**。饑餓是我的身體對某一**對象**的公認的需要，這個對象存在於我的身體之外、是我的身體爲了充實自己、表現自己的本質所不可缺少的。太陽是植物的**對象**，是植物所不可缺少的、確證它的生命的對象，正像植物是太陽的對象，是太陽的喚醒生命的力量的**表現**，是太陽的**對象性的**本質力量的**表現**一樣。

　　一個存在物如果在自身之外沒有自己的自然界，就不是**自然**存在物，就不能參加自然界的生活，一個存在物如果在自身之外沒有對象，就不是對象性的存在物。一個存在物如果本身不是第三者的對象，就沒有任何存在物作爲自己的**對象**，也就是說，它沒有對象性的關係，它的存在就不是對象性的存在。

　　[XXVII] 非對象性的存在物是**非存在物**〔*Unwesen*〕。

　　假定一種存在物本身既不是對象，又沒有對象。這樣的存在物首先將是一個**唯一的**存在物，在它之外沒有任何東西存在著，它孤零零地獨自存在著。因爲，只要有對象存在於我之外，只要我不是**獨自**存在著，那麼我就是和在我之外存在的對象不同的**他物**、**另一**

個現實。因而，對這第三者的對象說來，我是和它不同的**另一個現實**，也就是說，我是**它的**對象。因此，一個存在物如果不是另一個存在物的對象，那麼就要以不存在**任何一個**對象性的存在物爲前提。只要我有一個對象，這個對象就以我作爲它的對象。但是**非對象性的**存在物，是一種非現實的、非感性的、只是思想上的，即只是虛構出來的存在物，是抽象的東西。說一個東西是**感性的**即現實的，這是說，它是感覺的對象，是**感性的**對象，從而在自己之外有感性的對象，有自己的感性的對象。說一個東西是感性的，就是指它是**受動的**[71]。

因此，人作爲對象性的、感性的存在物，是一個**受動的**存在物；因爲它感到自己是受動的，所以是一個有**激情**的存在物。激情、熱情是人強烈追求自己的對象的本質力量。

//但是，人不僅僅是自然存在物，而且是**人的**自然存在物，也就是說，是自爲地存在著的存在物，因而是**類存在物**。他必須旣在自己的存在中，也在自己的知識中確證並表現自身。因此，正像**人的**對象不是直接呈現出來的自然對象一樣，直接地客觀地**存在著的人的感覺**，也不是**人的**感性、人的對象性。自然界，無論是客觀的還是主觀的，都不是直接地同**人的**存在物相適應的。//正像一切自然必須**產生**一樣，**人**也有自己的產生活動即**歷史**，但歷史是在人的意識中反映出來的，因而它作爲產生活動是一種有意識地揚棄自身的產生活動。歷史是人的眞正的自然史。——（關於這一點以後還要回過來談。）

第三，由於物性的這種設定本身不過是一種外觀，一種與純粹活動的本質相矛盾的行動，所以這種設定必然重新被揚棄，而物性必然遭到否定。

關於第(3)、(4)、(5)、(6)。——(3)意識的這種異化不僅有**否定的**意義，而且也有**肯定的**意義；(4)它不僅**對我們**或者說自在地有肯定的意義，而且對它即意識本身也有肯定的意義。(5)對象的否定，或對象的自我揚棄，**對意識**所以有**肯定的**意義（或者說，它所以**知道**對象的這種虛無性），是由於意識把**自身**外化了，因爲意識在這種外化中**知道**自己就是對象，或者說，由於**自爲的存在**的不可分割的統一性，而知道對象就是它自身。(6)另一方面，這裡還同時包含著另一個環節，即意識既揚棄這種外化和對象性，同樣也把它們收回到自身，因而，它在自己的**異在本身**中也就是**在自己那裡**。

我們已經看到，異化的對象性的本質的占有，或在**異化**——它必然從漠不相關的異己性發展到現實的、敵對的異化——這個規定下的對象性的揚棄，在黑格爾看來，同時或甚至主要地具有揚棄**對象性**的意義，因爲並不是對象的**一定的**性質，而是它的**對象性的**性質本身，對自我意識說來成爲一種障礙和異化。因此，對象是一種否定的東西、自我揚棄的東西，是一種**虛無性**。對象的這種虛無性對意識說來不僅有否定的意義，而且有**肯定的**意義，因爲對象的這種**虛無性**，正是它自身的非對象性的即〔XXVIII〕**抽象**的**自我確證**。對於**意識本身**說來，對象的虛無性所以有肯定的意義，是因爲意識**知道**這種虛無性、這種對象性本質是它自己的**自我外化**，知道這種虛無性只是由於它的自我外化才存在……

意識的存在方式，以及對意識說來某個東西的存在方式，這就是**知識**。知識是意識的唯一的行動。因此，只要意識**知道**某個東西，那麼這個東西就成爲意識的對象了。知識是意識的唯一的、對象性的關係。——意識所以知道對象的虛無性，就是說知道對象同它沒有區別，對象對它說來是非存在，因爲意識知道對象是它的**自我外**

化，也就是說，意識所以知道自己 (作為對象的知識)，是因為對象只是對象的**外觀**、障眼的煙雲，而就它的本質說來不過是知識本身，這種知識把自己同自身對立起來，並因而把某種**虛無性**，即在知識之外沒有**任何**對象性的某種東西同自己對立起來；或者說，知識知道，當它接觸某個對象時，它只是**在**自己**之外**，使自己外化；它知道**它本身**只**表現爲**對象，也就是說，對它說來表現爲對象的那個東西僅僅是它本身。

另一方面，用黑格爾的話來說，這裡同時還包含著另一個環節，即自我意識既揚棄這種外化和對象性，同樣也把它們收回到自身，因而，它在自己的**異在本身**中也就是**在自己那裡**。

這段議論滙集了思辨的一切幻想。

第一，意識、自我意識在**自己的異在本身**中也就是**在自己那裡**。因此自我意識，或者，——如果我們撇開黑格爾的抽象而用人的自我意識來代替自我意識，——從而可以說人的自我意識在自己的**異在本身**中，也就是**在自己那裡**。這裡先包含著：意識，也就是作爲知識的知識、作爲思維的思維，直接地冒充爲異於自身的**他物**，冒充爲感性、現實、生命，——在思維中超越自身的思維 (費爾巴哈)。這裡所以包含著這一方面，是因爲僅僅作爲意識的意識，所碰到的障礙不是異化的對象性，而是**對象性本身**。

第二，這裡包含著：因爲有自我意識的人認爲精神世界——或人的世界在精神上的普遍存在——是自我外化並加以揚棄，所以他又重新通過這個外化的形態確證精神世界，把這個世界冒充爲自己的眞實的存在，恢復這個世界，硬說他在**自己的異在本身**中也就是**在自己那裡**。因此，在揚棄例如宗教之後，在承認宗教是自我外化的產物之後，他又在作爲**宗敎的宗敎**中找到自身的確證。黑格爾的

虛假的實證主義，即他那只是**徒有其表**的批判主義的根源就**在於**此，這也就是費爾巴哈所說的宗教或神學的設定、否定和恢復，然而這應當以更一般的形式來加以考察。因此，理性在作爲非理性的非理性中也就是在自己那裡。一個認識到自己在法、政治等等中過著外化生活的人，就是在這種外化生活本身中過著自己的眞正的、人的生活。因此，與自身相**矛盾**的，既與知識又與對象的本質相矛盾的自我肯定、自我確證，是眞正的**知識**和眞正的**生活**。

因此，現在不用再談關於黑格爾對宗教、國家等等的適應了，因爲這種謊言是他的原則的謊言。

[XXIX] 如果我**知道**宗教是**外化的**、人的自我意識，那麼我也就知道，在作爲宗教的宗教中得到確證的不是我的自我意識，而是我的外化的自我意識。這就是說，我知道我自身的、屬於我的本質的自我意識，不是在**宗教**中，倒是在**被消滅、被揚棄的**宗教中得到確證的。

因此，在黑格爾那裡，否定的否定不是通過否定假象本質來確證眞正的本質，而是通過否定假象本質來確證假象本質，或者說，來確證同自身相異化的本質，換句話說，否定的否定就是否定作爲在人之外的、不依賴於人的對象性本質的這種假象本質，並使它轉化爲主體。

因此，把否定和保存即肯定結合起來的**揚棄**，起著一種獨特的作用。

例如，在黑格爾法哲學中，揚棄了的**私人權利**等於**道德**，揚棄了的道德等於**家庭**，揚棄了的家庭等於**市民社會**，揚棄了的市民社會等於**國家**，揚棄了的國家等於**世界史**。在**現實**中，私人權利、道德、家庭、市民社會、國家等等依然存在著，它們只是變成了**環節**，

變成了人的存在和存在方式，這些存在方式不能孤立地發揮作用，而是互相消融，互相產生等等。它們是**運動的環節**。

在它們的現實存在中，它們的這種**運動的**本質是隱蔽著的。這種本質只是在思維中、在哲學中才表露、顯示出來；因此，我的眞正的宗教存在是我的**宗教哲學**的存在，我的眞正的政治存在是我的**法哲學**的存在，我的眞正的自然存在是我的**自然哲學**的存在，我的眞正的藝術存在是我的**藝術哲學**的存在，我的眞正的**人的**存在是我的**哲學**的存在。因此，宗敎、國家、自然界、藝術的眞正存在，就是宗敎**哲學**、自然**哲學**、國家**哲學**、藝術**哲學**。但是，如果只有宗敎哲學等等對我說來才是眞正的宗敎存在，那麼我就只有作爲**宗敎哲學家**才算是眞正信敎的，而這樣一來我就否定了**現實的**宗敎信仰和現實的**信敎的**人。但是同時我又**確證了**它們：一方面，是在我自己的存在的範圍內，或在我使之與它們相對立的那個異己的存在的範圍內，因爲異己的存在僅僅**是**它們本身的**哲學的**表現，另一方面，則是通過它們自己的最初形式，因爲在我看來它們不過是**虛假的**異在、譬喻，是隱蔽在感性外殼下面的它們自己的眞正存在，即我的**哲學的**存在的形式。

同樣地，揚棄了的**質**等於**量**，揚棄了的量等於**度**，揚棄了的度等於**本質**，揚棄了的本質等於**現象**，揚棄了的現象等於**現實**，揚棄了的現實等於**概念**，揚棄了的概念等於**客觀性**，揚棄了的客觀性等於**絕對觀念**，揚棄了的絕對觀念等於**自然界**，揚棄了的自然界等於**主觀精神**，揚棄了的主觀精神等於**倫理的**客觀精神，揚棄了的倫理精神等於**藝術**，揚棄了的藝術等於**宗敎**，揚棄了的宗敎等於**絕對知識**。

一方面，這種揚棄是思想上的本質的揚棄，也就是說，**思想上**

的私有財產在道德**觀念**中的揚棄。而且因為思維自以為直接就是和自身不同的另一個東西，即**感性的現實**，從而認為自己的活動也是**感性的現實的**活動，所以這種思想上的揚棄，在現實中沒有觸動自己的對象，卻以為已經實際上克服了自己的對象；另一方面，因為對象對於思維說來現在已成為一個思想環節，所以對象在自己的現實中被思維看作思維本身的即自我意識的、抽象的自我確證。

[XXX] 因此，從一方面來說，黑格爾在哲學中加以**揚棄**的存在，並不是**現實的**宗教、國家、自然界，而是已經成為知識的對象的宗教本身，即**教義學**；**法學、國家學、自然科學**也是如此。因此從一方面來說，黑格爾既同**現實的**本質相對立，也同直接的、非哲學的**科學**或這種本質的非哲學的**概念**相對立。因此，黑格爾是同它們的通用的概念相矛盾的。

另一方面，信奉宗教等等的人可以在黑格爾那裡找到自己的最後的確證。

現在應該考察一下——在異化這個規定之內——黑格爾辯證法的**積極的**環節。

(a)**揚棄**是**把外化收回到自身**的、對象性的運動。——這是在異化的範圍內表現出來的，關於通過揚棄對象性本質的異化來**占有**對象性本質的見解；這是異化的見解，它主張人的**現實的對象化**，主張人通過消滅對象世界的**異化的**規定、通過在對象世界的異化存在中，揚棄對象世界而現實地占有自己的對象性本質，正像無神論作為神的揚棄，就是理論的人道主義的生成，而共產主義作為私有財產的揚棄，就是對真正人的生活這種人的不可剝奪的財產的要求，就是實踐的人道主義的生成一樣；或者說，無神論是以揚棄宗教作為自己的中介的人道主義，共產主義則是以揚棄私有財產作為自己

的中介的人道主義。只有通過揚棄這種中介，——但這種中介是一個必要的前提，——積極地從自身開始的即**積極的**人道主義才能產生。

然而，無神論、共產主義絕不是人所創造的對象世界的，即人的採取對象形式的本質力量的消逝、捨棄和喪失，絕不是返回到非自然的、不發達的簡單狀態去的貧困。恰恰相反，它們是人的本質的現實的生成，是人的本質對人說來的眞正的實現，是人的本質作爲某種現實的東西的實現。

這樣，黑格爾由於理解到——儘管又是通過異化的方式——有關自身的否定的**積極**意義；所以同時也把人的自我異化、人的本質的異化、人的非對象化和非現實化理解爲自我獲得、本質的表現、對象化、現實化。簡單說，他在抽象的範圍內把勞動理解爲人的**自我產生的**行動，把人對自身的關係理解爲對異己本質的關係，把那作爲異己存在物來表現自身的活動理解爲生成著的**類意識**和**類生活**。

(b)但是，撇開上述顛倒的說法不談，或者更正確些說，作爲上述顛倒的結果，在黑格爾看來，這種行動，**第一，僅僅**具有**形式的**性質，因爲它是抽象的，因爲人的本質本身僅僅被看作**抽象的、思維的**本質，即自我意識；而

第二，因爲這種觀點是**形式的**和**抽象的**，所以外化的揚棄成爲外化的確證，或者說，在黑格爾看來，**自我產生、自我對象化**的運動，作爲**自我外化**和**自我異化**的運動，是**絕對的**因而也是最後的、以自身爲目的的、安於自身的、達到自己本質的、**人的生命表現**。

因此，這個運動在其抽象 [XXXI] 形式上，作爲辯證法，被看成**眞正人的生命**；而因爲它畢竟是人的生命的抽象、異化，所以它

被看成**神性的過程**，然而是人的神性的過程，──一個與人自身有區別的、抽象的、純粹的、絕對的本質所經歷的過程。

第三，這個過程必須有一個承擔者、主體；但主體只作爲結果出現；因此，這個結果，即知道自己是絕對自我意識的主體，就是**神，絕對精神**，就是**知道自己並且實現自己的觀念**。現實的人和現實的自然界不過成爲這個隱秘的、非現實的人和這個非現實的自然界的賓詞、象徵。因此，主詞和賓詞之間的關係被絕對地相互顚倒了：這就是**神秘的主體──客體**，或**籠罩在客體上的主體性**，作爲**過程的絕對主體**，作爲使自己**外化**並且從這種外化返回到自身的、但同時又把外化收回到自身的**主體**，以及作爲這一過程的主體；這就是在自身內部的純粹的、**不停息的**旋轉[72]。

關於第一點：對人的自我產生的或自我對象化的行動的**形式的**和**抽象的**理解。

因爲黑格爾把人和自我意識等同起來，所以人的異化了的對象，人的異化了的、本質的現實性，不外就是異化的**意識**，就是異化的思想，是異化的**抽象的**因而無內容的和非現實的表現，即**否定**。因此，外化的揚棄也不外是對這種無內容的抽象，所作的抽象的、無內容的揚棄，即**否定的否定**。因此，自我對象化的內容豐富的、活生生的、感性的、具體的活動，就成爲這種活動的純粹抽象──**絕對的否定性**，而這種抽象也被抽象地固定下來並且被想像爲獨立的活動，或者乾脆想像爲活動。因爲這種所謂否定性無非就是上述現實的、活生生的行動的**抽象的無內容的**形式，所以它的內容也只能是**形式的**、抽掉了一切內容而產生的內容。因此，這就是普遍的，抽象的，適合任何內容的，從而既超脫任何內容同時又正是對任何內容都通用的，脫離**現實的**精神和**現實的**自然界的**抽象形式**、思維

形式、邏輯範疇。（下文我們將闡明絕對的否定性的**邏輯**內容。）

　　黑格爾在這裡、在他的思辨的邏輯學裡所完成的積極的東西在於：獨立自然界和精神的**特定概念**、普遍的**固定的思維形式**，是人的本質普遍異化的必然結果，因而也是人的思維的必然結果；因此，黑格爾把它們描繪成抽象過程的各個環節，把它們聯貫起來了。例如，揚棄了的存在是本質，揚棄了的本質是概念，揚棄了的概念……是絕對觀念。然而，絕對觀念究竟是什麼呢？如果絕對觀念不願意再去從頭經歷全部抽象活動，並滿足於充當種種抽象的總體或充當理解自我的抽象，那麼，絕對觀念也要再一次揚棄自身。但是，把自我理解爲抽象的抽象，知道自己是無；它必須放棄自身即抽象，從而達到了恰恰是它的對立面的本質，達到了**自然界**。因此，全部邏輯學都證明，抽象思維本身是無，絕對觀念本身是無，只有**自然界**才是某物。

　　[XXXII] 絕對觀念、**抽象**觀念，

　　「從它與自身統一這一方面來**考察**就是**直觀**」（黑格爾《全書》第 3 版**73**第 222 頁），它「在自己的絕對眞理中**決心**把自己的特殊性這一環節，或最初的規定和異在這一環節，即作爲自己的反映的**直接觀念**，**從自身**釋放出去，也就是說，把自身作爲**自然界從自身釋放出去**」，（同上）

　　舉動如此奇妙而怪誕、使黑格爾分子傷透了腦筋的整個觀念，無非就是**抽象**，即抽象思維者，這種抽象由於經驗而變得聰明起來，並且弄淸了它的眞相就決心在某些——虛假的甚至還是抽象的——條件下**放棄自身**，而用自己的異在，即特殊的、特定的東西，來代替自己的自在性、非存在，代替自己的普遍性和無規定性；——決心把那只是作爲抽象、作爲思想物而隱藏在它裡面的**自然界**

從自身釋放出去，也就是說，決心拋棄抽象而看一看**擺脫掉**它的自然界。直接成爲**直觀的**抽象觀念，無非就是那種放棄自身並且決心成爲**直觀**的抽象思維。從邏輯學到自然哲學的這整個過度，無非就是對抽象思維者說來如此難以達到、因而由他作了如此牽強附會的描述的從**抽象**到**直觀**的過度。有一種**神秘的**感覺驅使哲學家從抽象思維轉向直觀，那就是**厭煩**，就是對內容的渴望。

（同自身相異化的人，也是同自己的**本質**即同自己的自然的和人的本質相異化的思維者。因此，他的思維是居於自然界和人之外的僵化的精靈。黑格爾把這一切僵化的精靈統統禁錮在他的邏輯學裡，先是把它們一個一個地看成否定，即**人的**思維的**外化**，然後又把它們看成否定的否定，即看成這種外化的揚棄，看成人的思維的**現實的**表現；但是這種否定的否定由於仍然被束縛在異化中，它一部分是使原來那些僵化的精靈在它們的異化中恢復，一部分是停留在最後的活動中，也就是在作爲這些僵化的精靈的眞實存在的外化中，自己同自己發生關係①；一部分則由於這種抽象理解了自身並且對自身感到無限的厭煩，而要求放棄抽象的、只在思維中運動的思維，即無眼、無牙、無耳、無一切的思維，在黑格爾那裡，便表現爲決心承認**自然界**是本質並且轉而致力於直觀。）

---

① 這就是說，黑格爾用那在自身內部旋轉的抽象行動來代替這些僵化的抽象；於是，他就有了這樣的貢獻：他指明了原來屬於各個哲學家的一切不適當的概念的來源，把它們綜合起來，並且把它們作爲批判的對象創造出一個無所不包的抽象來代替特定的抽象。（我們在下面將會看到，黑格爾爲什麼把思維同**主體**分離開來；但就是現在也已經很清楚：如果沒有人，那麼人的本質表現也不可能是人的，因此思維也不能被看作是人的本質表現，即在社會、世界和自然界生活的有眼睛、耳朵等等的人和自然的主體的本質表現。）

[XXXIII] 但是，被抽象地理解的，孤立的，被認爲與人分離的**自然界**，對人說來也是**無**。不言而喻，這位決心轉向直觀的抽象思維者是抽象地直觀自然界的。正像自然界曾經被思維者禁錮在他的絕對觀念、思想物這種對本身說來也是隱秘的和不可思議的形式中一樣，現在，當他把自然界從自身釋放出去時，他實際上從自身釋放出去的只是這個**抽象的自然界**，只是自然界的**思想物**，不過現在具有這樣一種意義，即這個自然界是思想的異在，是現實的、可以被直觀的、有別於抽象思維的自然界。或者，如果用人的語言來說，抽象思維者在他直觀自然界時了解到，他在神性的辯證法中以爲是從無、從純抽象中創造出來的那些本質——在自身中轉動的並且在任何地方都不向現實看一看的思維勞動的純粹產物——無非就是**自然界諸規定的抽象**。因此，對他說來整個自然界不過是在感性的、外在的形式下重複邏輯的抽象而已。他重新**分析**自然界和這些抽象。因此，他對自然界的直觀不過是他把對自然界的直觀抽象化的確證活動，不過是他有意識地重複他的抽象概念的產生過程。例如，時間等於自己同自己發生關係的否定性(前引書；第238頁)。被揚棄了的運動即物質——在自然形式中——同被揚棄了的生成即定在相符合。光是**反射於自身**的**自然**形式。像**月亮和彗星**這樣的物體，是**對立物**的**自然**形式，按照《邏輯學》，這種對立物一方面是**以自身爲根據的肯定的東西**，而另一方面又是以自身爲根據的**否定的東西**。地球是作爲對立物的否定性統一等等的邏輯**理由**的**自然**形式。

　　作爲自然界的自然界，也就是說，就它還在感性上不同於它自身所隱藏的神秘的意義而言，離開這些抽象概念並不同於這些抽象概念的自然界，就是**無**，即**證明自己是虛無的無**。它是**無意義的**，或者只具有應被揚棄的外在性的意義。

「有限的**目的論**的觀點包含著一個正確的前提，即自然界本身並不包含著絕對的目的。」（第 225 頁）

自然界的目的就在於對抽象的確證。

「結果自然界成爲具有**異在形式**的觀念。既然**觀念**在這裡表現爲對自身的否定或**外在於自身的東西**，那麼自然界並非只在相對的意義上對這種觀念說來是外在的，而是**外在性**構成這樣的規定，觀念在其中表現爲自然界。」（第 227 頁）

在這裡不應該把**外在性**理解爲**顯露在外的**並且對光、對感性的人敞開的**感性**；在這裡應該把外在性理解爲外化，理解爲不應有的缺點、缺陷。因爲眞實的東西畢竟是觀念。自然界不過是觀念的**異在的形式**。而既然抽象的思維是**本質**，那麼外在於它的東西，就其本質說來，不過是某種**外在的東西**。抽象思維者既承認**感性**、同在**自身中**轉動的思維相對立的**外在性**，是自然界的本質。但同時他又把這種對立說成這樣，即**自然界**的這種**外在性**，自然界同思維的**對立**，是自然界的**缺陷**；就自然界不同於抽象而言，自然界是個有缺陷的存在物。[XXXIV]不僅對我說來而且在我的眼裡看來是有缺陷的存在物，即就其本身說來是有缺陷的存在物，在它之外有一種爲它所缺少的東西。這就是說，它的本質是不同於它自身的另一種東西。因此，對抽象思維者說來，自然界必須揚棄自身，因爲他已經把自然界設定爲潛在地**被揚棄的**本質。

「**對我們說來**精神以**自然界**爲自己的**前提**，精神是自然界的**眞理**，因而對自然界說來精神也是某種**絕對第一性的東西**。在這個眞理中自然界**消逝**了，結果精神成爲達到其自爲的存在觀念，而**概念**則旣是觀念的**客體**，同時又是它的

主體。這種同一性就是**絕對的否定性**，因爲概念在自然界中有自己的完滿的外在的客觀性，但現在它的這種外化被揚棄了。而概念在這種外化中成了與自己同一的東西。因此，概念只有作爲從自然界的回歸才是這種同一性。」（第 392 頁）

「**啓示**，作爲**抽象的觀念**，是向自然界的直接的過度，是自然界的**生成**，而作爲自由精神的啓示，則是自由精神把自然界**設定**爲**自己**的世界，——這種設定，作爲反思，同時又是把世界**假定**爲獨立的自然界。概念中的啓示，是精神把自然界創造爲自己的存在，而精神在這個存在中獲得自己的自由的**確證**和**眞實性**。」「**絕對的東西是精神**；這是絕對的東西的最高定義。」**73** ［XXXIV］

《政治經濟學原理》一書摘要

詹姆斯·穆勒

詹姆斯・穆勒
《政治經濟學原理》一書摘要 [74]

一　論生產

[XVIII] 「**爲了使勞動存在**，必須有**一定數量的食品**和從事勞動的**人**所使用的其他一切物品。」（第 8 頁）「一般地說，人們不能以從事少數幾項操作所練出來的速度和技巧來**從事**多項不同操作。因此，**儘可能地限制**每個人的**操作項目，總是有利的**。」（第 11 頁）

「爲了最有利地進行分工以及分配人力和機器力，在多數情況下，必須從事大規模生產，換句話說，必須大批地生產財富。這種好處是促使大製造業產生的原因。」（同上）

二　論分配

(1)關於土地租金或地租

「土地具有不同程度的肥力。有一種土地，可以看作是**什麼也不生產**的土地。」（第 15 頁）「在這種土地和最肥沃的土地之間有一些中等的，即中等肥力的土地。」（第 16 頁）「最肥沃的土地也不會同樣輕而易舉地提供它所能生產的一切。例如，一塊土地每年能提供 10 夸特或者比這還多兩、三倍的穀物。但是，它提供第一個 10 夸特是由於投入了一定的勞動量，而提供第二個 10 夸特則由於投入了更大的勞動量等等，而且生產每一個新的 10 夸特都要求比生產前一個 10 夸特付出更多的費用。」（第 16—17 頁）「當還沒有在全部較好的土地上進行耕作並對這種土地的耕作投入一定量的資本時，所有投入農業的資本都會帶來同等數量的產品。可是每當達到一定的階段，在同一塊土地上，如果追加產

品不相應地減少，就不會投入任何追加資本。因此，在任何國家，人們從土地上獲得一定數量的穀物之後，只有**相應地**付出更大的費用才能獲得更大數量的穀物。」（第[17]—18頁）「當農業需要一部分只能帶來較少產品的資本時，對這部分資本的使用可以有兩種辦法：把資本或者投入一塊初次耕作的具有二等肥力的土地，或者投入一塊具有一等肥力的土地——在這上面已經投入了全部資本，並且在這塊土地上能夠使用這筆資本而不減少產品。至於把資本投入具有二等肥力的土地還是投入具有一等肥力的土地，這在任何情況下都要取決於這兩類土地的性質和質量。同一資本，如果投入較好的土地只生產8夸特穀物，而投入具有二等肥力的土地可生產9夸特穀物，那麼人們就會把它投入後一種土地，反之亦然。」（第18—19頁）

　　「當土地什麼也不生產的時候，就不值得費力去占有它。當只需要把一部分較好的土地投入耕作的時候，所有未經耕作的土地就什麼也不生產，也就是沒有價值。因此，這後一部分土地就沒有所有者，誰著手使它具有生產能力，誰就可以把它變爲自己的財產。在這個時期內，土地不支付地租」，這就是說，不存在對**土地的生產能力**的支付，而只是付**利息**，即爲開墾這塊土地所投入的資本的利潤。（第19—20頁）「但是，必須耕種二等土地或者在一等土地上投入追加資本的時候到來了」，如果投入二等土地的資本帶來8夸特，而投入土地No 1的追加資本帶來10夸特，那麼投入這筆資本的人就可以爲獲准耕種土地No 1而付出2夸特：「這種支付就是**地租**，即土地租金。」（第20—21頁）「因此，地租按連續投入土地的資本的效力降低的比例而增加。」（第21頁）「如果人口增長到這樣的程度，即耕種了所有的二等土地，而且不得不耕種只能生產6夸特而不是8夸特的三等土地」（這種情況同在較好的土地上投入帶來較少產品的追加資本一樣），那麼土地No 2就帶來2夸特租金，而土地No 1就帶來4夸特租金。」（第[21]—22頁）「因此，無論是把資本投入具有各種不同肥力的土地，還是分批地連續投入同一土地，以這樣的方式投入的資本的某幾個部分會比其他部分提供較多的產品。提供產品最少的那些部分只提供爲補償報酬資本家所必需的一切。資本家每次新投入的資本所得到的東西不會多於這種公平的報酬，因爲其他資本占有者的競爭妨礙他得到更多的東西。土地所有者可以把超過這種報酬的一切東西據爲己有。因此，地租是對土地投資效力最小的那一部分所帶來的產品同所有其他投資效力較大的那一部分資本所帶來的產品之間的差額。」（第[22]—23頁）有這樣的情況：甚至肥沃土地的土地租金即地租也根據投在這塊土地上的各種資本的總產品減去這些資本的利息和利潤後

的餘額來計算。薩伊把這種情況同文明國家的每塊土地都要繳納地租這一實際矛盾（見薩伊等人的著作）作了對比。可是，除此之外，租地農場主正在使用並且能夠使用這樣一部分資本，它只給他帶來通常的資本利潤，而支付不出任何土地租金。（第30—31頁）

[XIX] ⑵關於工資

「**生產**是**勞動**的結果；可是勞動從資本那裡得到它要加工的原料以及幫助它加工原料的機器，或者更確切些說，勞動從資本那裡得到的這些東西就是資本本身。」（第32頁）在**文明**社會，「**工人和資本家**是**兩類不同的人**」（第32—33頁）。「人們發現，對工人說來，更加方便的是以**預付**的方式把工人的份額付給工人，而不是等到產品生產出來和產品的價值得到實現的時候。人們發現，適合於工人取得其份額的形式是**工資**。當工人以工資的形式完全得到了產品中他應得的份額時，這些產品便完全歸資本家所有了，因爲資本家事實上已經購買了工人的份額，並以預付的方式把這個份額支付給工人了。」（第[33]-34頁）

§1.「**產品按什麼比例在工人和資本家之間進行分配**」，或者，工資水平按什麼比例調節？（第34頁）「確定工人和資本家的份額，是他們之間的商業交易的對象，**討價還價**的對象。一切自由的商業交易都由競爭來調節，討價還價的條件隨著供求關係的變化而變化。」（第34—35頁）「假定有**一定數目的資本家**和**一定數目的工人**。假定他們分配產品的比例也通過某種方法確定了。」如果工人人數增長了而**資本量**沒有增加，增加的那一部分工人「就會試圖排擠原來在業的那一部分。他們只有按較低報酬提供自己的勞動，才能作到這一點。在這種情況下工資水平必然降低」（第35—36頁）。「假定情況與此相反，工人人數保持不變而資本量增加了；資本家擁有用以雇用勞動的大量資金，擁有一筆他們想從中獲得利潤的剩餘資本；因此資本家就需要增加工人。可是所有這些工人都被其他雇主雇用了，要把工人吸引到自己這裡來，只有一個辦法，就是提供較高的工資。而其他雇主也處在同樣的情況下，並且爲了留用這些工人，他們給工人提供更高的工資。這種競爭是不可避免的，它的必然結果是：**提高工資水平**。」（第36頁）所以，人口增加而資本量不增加會引起工資下降，在相反的情況下，工資則會提高。「如果這兩種量以不同的比例增加，那麼結果就是這樣：一種量不增加，而另一種量的增加額等於雙方實際增長額之差。」例如，人口增加 $\frac{2}{8}$，資本量增加 $\frac{1}{8}$，那麼結果就是這樣：資本量沒有增加，而人口增加 $\frac{1}{8}$。（第36-37頁）因此，「如果資本量同人口的比例不變，工資水平也就保持不變；

資本量與人口相比增加了，工資水平就提高；人口與資本量相比增加了，工資水平就下降」（第37—38頁）。「根據這個規律，就很容易發現那些決定每個國家人民中**絕大多數群衆的處境**的條件。如果人民的處境安逸、舒適，那麼只要促使資本像人口一樣快地增長或者阻止人口比資本增長得快，就足以保持這種狀況。如果人民的處境惡劣，那就只有加速資本的增長或者減少人口，才能改善這種處境；這就是說，使民族就業資金同構成這一民族的單個人的人數之間的比例增大。」（第38頁）「如果資本增長的自然趨勢比人口增長快，那就很容易保持人民的安樂處境。相反，如果人口增長的自然趨勢比資本量增長快，那就會有極大的困難；工資就不斷趨於下降。工資的下降將使人民越來越貧困，使他們染上惡習，使他們死亡。不管人口按什麼比例比資本更快地增長，生活在這種條件下的人也會以同樣的比例死亡，這樣，資本的增長和人口的增長之間的比例將保持不變，工資水平也就會停止下降。」幾乎所有國家裡廣大人民群衆的貧困都證明人口比資本增長得快是一個**自然**趨勢。沒有這種情況就不可能有這樣的貧困。「**人類的普遍貧困**是一個事實，它只能用下述兩個前提之一來加以說明：或者人口具有比資本增長得快的趨勢，或者是人們以某些方式阻碍了資本具有的增長趨勢。」（第 [38] —40頁）

§2.「可以從以下幾點推論出人口增長的自然趨勢」：

第一，婦女的**生理構造**。婦女最低限度在二十歲到四十歲期間至少每兩年能夠生**一個**孩子。因此一個婦女的自然生育數是十。（第 [40、42]、43頁）我們把一切不幸事故、不生育等情況都考慮在內，假定一對富有的夫婦只能培育**五個**孩子。（第44頁）即使根據這一假定也很清楚，「過不了幾年人口將增長一倍」（第44頁）。

第二，可以把官方的人口統計表、尤其是出生率和死亡率統計表與這個結論相對照。（第44頁）然而這些統計表證明什麼呢？證明人口的增長。即使這些統計表表明大多數國家的人口處於不興旺狀態，這也證明不了什麼。部分地是貧窮使得大多數在貧苦環境中出生的人口過早死亡，部分地是理智阻止許多婚姻的締結或者阻止婚後生育的子女超過一定的數目。（第45—46頁）

§3.資本的增長趨勢較小，因爲「資本的任何增長都來源於儲蓄。任何資本都是」年產品的一部分。「要把這部分產品留下來作爲資本使用，它的所有者就必須放棄自己對它的消費。」（第46—47頁）

年產品必然按兩種方式分配。「或者是把一切維持生活和供享受的必需品充分地供給廣大人民群衆，而把較小部分的年產品用來增加富人的收入；或者

是對廣大人民群衆的供給嚴格地限制在絕對必需品上，這樣，當然就會形成一個收入可觀的階級。」(第48頁)在後一種情況下，平民階級「不可能進行儲蓄」(第[48]—49頁)；同時「四周都是窮人的富人階級是不喜歡節約的」；富人非常「渴望立即得到享受；他們何必爲了對他們來說沒有多大實用意義的積蓄而放棄眼前的享受呢?」(第49頁)在前一種情況下，無論是窮人階級還是富人階級「沒有要節約的強烈動機」；窮人階級中**大多數**沒有這樣的動機，因爲他們沒有仔細考慮過要爲了將來而犧牲現在，即使有例外，有**仔細考慮的人**，他們也沒有這種動機，因爲他們有顧慮，怕放棄了眼前的享受而將來得不到補償。(第50—51頁)

看一看以下各頁繼續嘮叨的無聊話。

「人口增長的趨勢不論是大還是小，它在任何情況下都是均勻的。只要是在同樣良好的條件下，人口在某個時期不論以什麼樣的比例增長，在其他任何時期也將以同樣的比例增長。相反，資本增長得越多，增長的困難就越大，直到最終不能增長爲止。」(第55—[56]頁)

[ＸＸ]因此，「無論人口增長得多麼慢，由於資本增長得更慢，工資將降低到這樣的水平，以致有一部分人口經常由於貧困而死亡」(第56—57頁)。

§4.**懲罰**和**獎勵**是立法的權力藉以改變人類活動進程的兩種主要手段，然而用這兩種手段來抑制人類繁衍和增長的趨勢是不太適宜的。」(第57—[58]頁)

「立法在不直接起作用的情況下，往往能通過間接的作用而獲得很大的效果。」如果立法促使人口增長，那麼「如此有害的立法就需要修改」(第58—59頁)。「在這種情況下，也像在許多其他情況下一樣，利用**人民制裁**的巨大影響也許有很大的好處。對那些由於自己的不愼行爲和由於建立人口很多的家庭而陷於貧困和依賴地位的人不遺餘力地給予公開譴責，而對那些由於明智的節制態度而保證自己貧困和墮落的人給予公開贊揚，這樣做也許就夠了。」(第59頁)「通過教育人民、改進立法、破除迷信將解決這個難題。」(第59頁)至於加速資本的增長，則立法擁有**反奢侈浪費法**這一手段，立法可以把節儉提上議事日程而認爲浪費是可恥的。(第60頁)立法可以直接起作用，**把每年的純產品的一定部分提出來**，使它變成資本。可是怎麼提取呢? ——通過**所得稅**。「對於用這種方式取得的資本，立法可以採取兩種使用辦法：借給要使用資本的

人，或者留下自己使用。」（第 61 頁）「最簡單的辦法是把它借給能夠保證償還的資本家和工廠主。每年由這些債款獲得的利息可以用同樣的辦法在下一年當作資本使用。假定每年獲得的份額以這樣的方式構成複利，並且保持較合理的利息率，那麼資本在很短時間內就可以增加一倍。如果發現工資下降，那就到了提高所得稅的時候了。如果工資的提高超出了必須使工人的狀況**但求**溫飽的水平，那就可以降低所得稅。」（第 61—62 頁）這樣做的結果是「人口迅速地增加；而把資本投入質量**越來越**低的新開發的土地或分批地連續投入產品一次比一次少的同一塊土地的必要性，也同樣快地增加」（第 62 頁）。「如果資本帶來的產品逐年減少，資本家得到的收入也會按相同的比例減少。經過一定的時間，資本的收入減少到只有擁有大量資本的所有者才能從中取得生存資料；這就是」上述做法的「最後結果」（第 62—63 頁）。「假定工資水平保持不變。所有不靠勞動生活的人都靠資本的收入或者地租生活。上面所假定的情況的趨勢是使靠資本爲生的人變窮」，使土地所有者通過不斷提高地租而變富。「除了土地所有者以外，社會上所有其餘的人，工人和資本家，幾乎是同樣的貧窮。每當有土地出售時，人們爲了獲得它，總要付出巨額資本；因此每個人只能購到數量很有限的土地。」（第 63 頁）「在這種情況下，出售土地可能是**經常的**，也可能是**不多見的。如果是經常的**，那麼土地就被分成很小的地塊，爲數量衆多的居民所占有，其中哪一部分人的狀況都不比工人好多少。如果自然災害使得一年或幾年的產品大大低於正常年景，那麼一場普遍的和無法補救的災難就會蔓延起來，因爲只有在大部分人的收入多於靠工資爲生者的收入的國家，才能靠這些富人建立巨大的儲備來減輕虧空所造成的後果。」（第 [63]—64 頁）「人類**追求完善化的能力**，或者説，不斷地從科學和幸福的一個階段過渡到另一個更高的階段的能力。看來在很大程度上取決於這樣的人所組成的階級：他們是自己時代的主人，也就是説，他們相當富有，根本不必爲取得能過比較安樂的生活的資財而操心。科學的園地就是由這個階級的人來培植和擴大的；他們傳播知識；他們的子女受到良好的教育，準備擔任最重要的和最美好的社會職務；他們成爲立法者、法官、行政官員、教師、各個領域的發明家、人類賴以擴大對自然力的控制的一切巨大和有益的工程的領導者。」（第 65 頁）「**最幸福的人是擁有中等**財產的人。」他們不依賴於人，「他們必然享受全人類所應享有的種種樂趣」。因此，「這個階級應當成爲社會的盡可能大的組成部分。爲此，絕不容許人口由於加緊資本積累而增長到這樣的程度，以致投入土地的資本的收入非常之少。**資本的收入應當大**到足夠使社會上很大一部分人能夠享受**餘暇**

所提供的好處」。如果人口超過了必要的數量，那麼這種情形「就會減少社會幸福在很大程度上所依賴的剩餘產品儲備，而不是增加年產品中減去必須用來補償所消耗和維持工人生活之後的剩餘產品額」（第 67 頁）。

(3)關於資本的利潤

「在研究所有用來調節工資和利潤的東西的時候，可以把地租除外。因爲它是資本家和工人之間必須進行分配的那些產品減少的結果，而不是原因。」（第 76 頁）「如果某種東西在兩個人中間分配，那麼很明顯，能調節一個人的份額的東西也能調節另一個人的份額，因爲從一個人那裡拿走的東西必定給另一個人。」（第 76 頁）「可是，因爲資本家和工人各自的份額之間的比例取決於人口數和資本量之間的比例，並且因爲前者的增長趨勢比後者快，所以，這種變化的**能動的本原**[XXI]是在人口方面，而且可以把人口數，也可以説是把工資，看作調節者。」（第 76—77 頁）「因此，利潤——資本家在勞動和資本的共同產品中所占的份額——取決於工資」，並與工資成反比例。（第 77 頁）「利潤不僅取決於占有者所得到的分配物的份額，而且也取決於分配物的總價值。」（同上）「隨著投入農業的資本的利潤減少，投入工場工業和所有其他各種工業的資本的利潤也會減少。」（第 81 頁）「前一種減少是不可避免的；可是以這種方式使用的資本的利潤率決定以任何其他方式使用的資本的利潤率，因爲如果在其他方面投資能獲得更大的利益，那就沒有人願意繼續把他的資本投入農業。因此，所有的利潤都必定降低到農業利潤水平。」（第 81—[82] 頁）

「要經過哪些階段才達到這個結果呢？當對於額外數量的穀物有了需求，而這個數量的穀物只有通過耕種低質量的土地或者在同一塊土地上投入帶來利潤較少的幾份新資本才能生產出來時，耕作者對於以生產成效比以前小的方法來使用自己的資本是否合適，自然是猶豫不決的。這樣一來，對穀物的需求就在這種商品的生產沒有相應增加的情況下日益增長。其結果自然是穀物的交換價值提高，而且當它提高到一定程度時，耕作者生產的穀物比以前少，卻能夠從自己的資本中獲得和其他的資本所有者同樣多的利潤。在此以後，不是他的利潤保持在原有的水平上，而是所有其他的利潤降低到他的利潤已經降到的水平上。由於穀物價值的增大，勞動價值也隨之增大。工人必須消費一定數量的生活必需品，而不論它們的價錢高還是低。如果它們的價錢比以前高，工人的勞動的價值也就比以前高，雖然他們所消費的生活資料和其他物品的數量一

點沒有變。因此，可以認爲工人的工資提高了，雖然他們的勞動的實際報酬並沒有增加。這樣，所有的資本家就被迫付出較多的工資，他們的利潤也就減少了。由於同一原因，農場主的處境也是如此。因此，隨著人口逐漸增多以及必須把資本投入越來越不肥沃的土地，所有資本的利潤也逐漸減少。」（第 82—[83、84] 頁）

三　論交換

§1.**交換**是以自己生產的產品的剩餘和對他人生產的產品的需求爲基礎的。交換的代理人「是**承運者**和**商人**」（第 85 頁）。

§2.「如果一種產品和另一種產品相交換的數量取決於供求關係」，那麼要問，「這個關係取決於什麼」（第 89 頁）。這個關係「歸根結底取決於生產費用」（第 [91] —92 頁）。這個生產費用就是勞動。「因此，勞動量決定產品互相交換的比例。」（第 99 頁）

§3.**直接勞動**；資本：**積累勞動**。（第 100 頁）「關於這兩種勞動應當指出：(1)它們並不是始終按照同樣比率取得報酬的；(2)它們不是始終按照同樣比率參加所有商品的生產。」（第 100—101 頁）

「勞動和資本參加生產的過程是不同的，用三種情況就足以說明。兩種極端情況和一種中間情況：(1)產品只由**直接**勞動生產，沒有資本參加；(2)產品一半由直接勞動生產，一半由資本生產；(3)產品只由資本生產，沒有直接勞動參加。」（第 102—103 頁）

如果在生產中兩種勞動都使用，如果在一種勞動的價格上漲時另一種勞動的價格下降，那麼在第一種勞動的價格上漲時，大量使用這種勞動生產的商品，同少量使用這種勞動生產的商品相比，其交換價值就提高了。提高的比例每次都取決於兩種情況：(1)取決於一種勞動的價格在另一種勞動的價格上漲時下降的比例；(2)取決於生產上述第一種商品所使用的第一種勞動的量同生產另一種商品所使用的這種勞動的量之間的比例。」（第 [103] —104 頁）

因此，首要的和唯一的問題是：「如果工資提高，利潤以什麼樣的比率下降？生產各種商品時所使用的兩種勞動的比率取決於每個特殊情況的條件。」（第 104 頁）

「我們把上述三種情況用 *No.1*、*No.2*、*No.3* 來表示。如果所有商品都是在

No.1——只用勞動來生產，而資本僅僅用於支付工資——的情況下生產的，那麼資本的利潤就絲毫不差地按工資提高的比率下降。」（第104頁）「假定所使用的資本是1000鎊，利潤是10%。在這種情況下，產品的價值等於1,100鎊，因爲這筆款項將補償資本連同它的利潤。這些產品可以看作是由1,100個相等的部分組成的，其中1000屬於工人，100屬於資本家。」如果工資提高5%，那麼資本的利潤就下降5%，因爲現在資本家必須付給工人1,050鎊，而不是1,000鎊，也就是說，留給資本家的只有50鎊，而不是100鎊。「他的產品的價值也不會爲了補償他的損失而提高，[XXII]因爲我們已假定所有商品是在同一種情況下生產的；這些產品的價值始終爲1100鎊，其中留給資本家的只有50鎊。

如果所有商品的生產都處在No.2的情況下，那麼利潤下降量只有工資提高量的**一半**。假定1000鎊資本用於支付工資，另外的1000鎊用作固定資本；假定利潤像以前一樣是支出總額的10%；那麼產品的價值是1200鎊，因爲這筆款項將補償所消耗的資本連同10%的利潤。假定工資提高5%，那麼資本家就要付出1050鎊的工資，而不是1000鎊；留給他自己的利潤是150鎊」；因此他的每一百個單位資本的利潤只產少2.5%，即工資提高率（5%）的一半。「如果沒有用來支付工資的那1000鎊資本以一定的比例作爲流動資本在生產操作的過程中消耗掉並且以後得到補償，那麼情況也完全一樣。例如，在把1,000鎊用於支付工資的同時，可以把500鎊作爲固定資本用於供長期使用的機器，500鎊用於購買原料和作其他費用。根據這樣的支出預算，產品的價值等於1,700鎊，即應該補償的資本總數連同其10%的利潤。在產品的1700個部分中有1,000是工人的份額；700是資本家的份額，其中200代表利潤。如果工資上漲5%，那麼在1700個部分中有1050是工人的份額，650是資本家的份額，他在補償了自己的500鎊流動資本之後，只有150鎊的利潤。這就是說，他的利潤減少了2.5%，與以前一樣。」（第106—107頁）

「如果所有商品的生產處在No.3的情況下，那麼，因爲在這裡不支付工資，工資的提高就不可能改變利潤的數量。顯而易見，這些商品的生產越接近這種極端情況，利潤量就越不會由於這種提高而發生變化。」（第107頁）

「如果我們假定，實際上發生了同樣多的從中間到一個極端的情況以及從中間到另一個極端的情況（這是很可能的），那麼，行將發生的互相補償的結果自然就是：利潤下降量恰好爲工資上漲量的一半。」（第[107]—108頁）

「如果隨著工資上漲，**所有的**利潤下降了，那麼很清楚，使用比資本小的

勞動份額生產的所有商品，同使用較大勞動份額生產的商品相比，其價值就下降了。例如，如果把№1 情況作爲標準，那麼在這種情況下生產的所有商品的價值保持不變，而在其他任何一種情況下生產的所有商品的價值則下降。如果把№2 這種中間情況作爲標準，那麼在這種情況下生產的所有商品的價值保持不變；而生產條件接近於第一種極端情況的所有商品的價值則提高；生產條件接近於後一種極端情況的所有商品的價值則下降。在№1 的情況下生產商品的資本家，承擔了 5% 的追加支出；可是他們用自己的產品去交換在其他情況下生產的商品。如果他們用自己的商品去交換在№2 的情況下(這裡資本家只承擔 2.5% 的追加支出) 生產的商品，那麼他們就從這些商品中多得到 2.5%。這樣，他們由於換得了在№2 的情況下生產的商品，就得到了一定的補償，而且工資提高的結果只使他們的利潤減少 2.5%。在這種交換中，對於在№2 的情況下生產商品的資本家來說，結果就完全相反。他們在生產自己的商品時已經多支出了 2.5% 的費用，並且他們由於用自己的產品換取了在№1 的情況下生產的商品，他們的利潤就減少了 2.5%。」(第 108—109 頁)「因此，總的結果是：所有的生產者，不管他們是通過生產還是通過交換占有在№2 的情況下生產的商品，都得承擔 2.5% 的損失；其中 [ⅩⅩⅢ] 生產條件接近後一種極端情況的商品的占有者，承擔的損失較少；最後，如果第一種極端情況的數目和後一種極端情況的數目相等，那麼所有的資本家總的說來都承擔 2.5% 的損失；這個損失是可以預料到的、利潤的減少在實際上所能達到的最大限度。」(第 110 頁)「根據這些原則，很容易估計工資的提高對於各種產品的價格所產生的影響。所有的產品通常都同貨幣或者貴金屬相比較。如果假定，貨幣是在№2 的情況下即使用等量的勞動和資本的情況下生產的(這大概很接近於實際情況)，那麼在類似條件下生產的所有商品的價格，都不會由於工資的提高而發生變化；生產條件接近於第一種極端情況的商品的價格將提高；接近於後一種極端情況的商品的價格將降低；最後，對商品總量起作用的是補償：價格既不提高也不降低。」(第 110—111 頁)

　　§4. 互相交換產品對各國有利：

　　(*α*) 如果「被正確理解的分工」要求互相交換；(*β*) 如果由於某些地方有較便宜的生活資料、較多的燃料，或者有能推動機器的充足水源，商品「**只能或者更便於**在這些地方生產」(第 112—113 頁)；(*γ*)「一般說來，如果一個國家同另一個國家相比，用等量的勞動所生產的兩種商品中的一種商品量比另一種商品量大，那麼進行交換對兩國是**有利的**」(第 119 頁)。

§5.「人們從一種商品與另一種商品的交換中獲得的利益、總是來源於**所獲得的、而不是所提供的**商品。因此，一個國家同另一個國家進行貿易所獲得的利益都來源於**進口的**商品；國家通過**進口**而不是通過其他辦法獲取利益。」（第120頁）「如果一個人擁有某種工業品或食品，那麼他不可能由於簡單地把自己的商品**脫手**而獲利。他只有把自己的商品脫手，換得了另一種商品，才能從獲得的商品中得利：要知道，如果他認爲自己的商品比他要換取的商品價值高，那他是會把自己的商品保留著的。寧要另一種商品而不要自己的商品這一事實，證明另一種商品在他看來具有更高的價值。」（第121頁）各個國家的情況也是這樣。「任何國家的利益都不在於簡單地把自己的產品脫手，而在於用它來獲得的東西。」（第121頁）

媒　　介

§6.「**交換的媒介**是這樣一種商品：爲了實現其他兩種商品之間的交換，首先在同其中一種商品交換時獲得它，隨後在同另外一種商品交換時把它付出去。」（第125頁）金、銀、**貨幣**。

§7.「**貨幣的價值**等於貨幣同另外的商品進行交換的比例，或者在同一定量的其他東西交換時付出的貨幣量。」（第128頁）

這個比例是由一個國家現有的貨幣**總量**確定的。（同上）「如果假定，一方面把一個國家的所有商品集中起來，另一方面把所有的貨幣集中起來，那麼很清楚，在雙方進行交換時，貨幣的價值」，即與貨幣進行交換的商品量，「完全取決於貨幣本身的量」（第128—129頁）。「實際上情況完全是這樣的。一個國家的商品總量不是一下子同貨幣總量進行交換的：商品的交換是一部分一部分地，往往是小量地，而且是在一年的各個時期中進行的。同一塊鑄幣，今天用作這種交換，明天可以用作另一種交換。一部分貨幣用於交換的次數很多，另一部分用於交換的次數很少，第三部分被積蓄起來，不用於交換。在這種紛繁複雜的情況中，假定所有鑄幣都進行了次數相同的交換，那麼就可以找到一個每塊鑄幣用於交換的次數爲基礎的平均數。我們可以把這個平均數確定爲任意數，例如10。如果國內現有的每塊鑄幣都已用於十次購買，那麼這就如同貨幣量增到十倍而每塊鑄幣只用於一次購買一樣。在這種情況下，這個國家的所有商品的價值等於所有貨幣價值的十倍，因爲每塊鑄幣的價值等於它能換取的商品量的價值，因爲每塊鑄幣在一年之內用於十次交換。」（第129—130頁）

[XXIV]「如果不是每塊鑄幣在一年之內用於十次交換，而是貨幣總量增到十倍，並且每塊鑄幣只用於一次交換，那麼很清楚，貨幣總量的每次增加都會引起這些鑄幣中的每一單個鑄幣的價值相應降低。因爲我們假定，所有貨幣能換取的商品量保持不變，所以，貨幣總量的**價值**在其總量增加之後不會變得比以前大。如果我們假定貨幣量增加$\frac{1}{10}$，那麼它的每個部分（比如說1盎斯）的價值就得減少$\frac{1}{10}$。如果貨幣總量減少爲一百萬盎斯並且增加$\frac{1}{10}$，那麼不管整體的價值怎樣減少，這種減少必然相應地反映在整體的每個部分上；一百萬的$\frac{1}{10}$與一百萬之比如同1盎斯的$\frac{1}{10}$與1盎斯之比一樣。」（第130—131頁）「如果貨幣總量只有假定數的$\frac{1}{10}$，而它的每個部分在一年之內用於十次購買，那麼這就同貨幣總量與商品總量的$\frac{1}{10}$進行了十次交換一樣。可是如果假定數的$\frac{1}{10}$，即貨幣總量，以某種比例增加，那麼這就同整體或者假定數以這個比例增加一樣。因此，不管貨幣總量增加或者減少的程度如何，只要其餘東西的數量保持不變，那麼這個總量的價值和總量的每個部分的價值就相應地減少或者增加。很清楚，這個原理是絕對眞理。每當貨幣的價值提高或者下降，而貨幣所能換取的商品量以及流通速度保持不變，價值變化的原因就必定是貨幣量的相應增加或減少，決不能歸於其他原因。如果商品量減少而貨幣總量保持不變，那麼這就同貨幣總量增加一樣。反之亦然。類似的種種變化是**流通速度**的每一變化的結果。流通速度可理解爲在一定時間內完成的購買次數。購買的任何增加所起的作用同貨幣總量的增加所起的作用一樣；購買次數的減少則起相反的作用。」（第131—132頁）「如果年產品的一部分——例如，生產者自己消費的部分或不同貨幣交換的部分——根本不用於交換，那麼這部分產品就不能計算在內，**因爲不與貨幣相交換的東西對於貨幣來說就像根本不存在一樣。**」（第132—133頁）

§8.用什麼來調節貨幣量呢？「製造貨幣可以在兩種情況下進行。政府要給予增加或減少貨幣的自由，要麼自行調節貨幣量，隨自己的意願使之增加或減少。」

在第一種情況下，「政府把它的造幣廠向公衆開放，並爲所有要求把自己的金銀條塊變成貨幣的人鑄造貨幣。擁有金銀條塊的人只有在對自己有利的情況下，也就是說當變成貨幣的金銀條塊比其原來的形式具有更高的價值時，才要求把金銀條塊變成貨幣。而這種情況只有當貨幣具有異常的價值時、只有當用同量的鑄成貨幣的金屬所換得的其他商品的數量比用同量的條塊形成的金屬

所換得的更多時才能發生。因為貨幣的價值取決於它的量，所以貨幣少時價值就高」。於是就把金銀條塊變為貨幣；然而，正是由於這樣的增加又恢復了原先的比例。因此，如果貨幣超過了金銀條塊的價值，那麼在事情自由進展的情況下，私人就會直接干預，通過增加貨幣量使平衡恢復。(第134—136頁)「如果流通中的貨幣量太大，以致貨幣的價值低於金銀條塊的價值，那麼就還用同一方式立即把鑄幣變為金銀條塊的辦法恢復原先的比例。」(第136頁)

[XXV]「因此，只要貨幣量可以自由地增加或者減少，這個量就由鑄幣金屬的**價值**調節，因為，是增加貨幣量還是減少貨幣量對私人有利，這要看鑄幣形式的貨幣價值是大於還是小於金銀條塊形式的貨幣價值。」(第137頁)「可是，如果**貨幣量**由**鑄幣金屬的價值**決定，那麼什麼東西來調節這個價值呢？金和銀都是商品，是需要使用勞動和資本的產品；因此，金和銀的價值，像所有其他產品的價值一樣，由生產費用調節。」(同上)

在談到貨幣和金屬價值的這種平衡並把生產費用作為決定價值的唯一因素來描述時，穆勒——完全和李嘉圖學派一樣——犯了這樣的錯誤：在表述**抽象規律**的時候忽視了這種規律的變化或不斷揚棄，而抽象規律正是通過變化和不斷揚棄才得以實現的。如果說，例如生產費最終——或更準確些說，在需求和供給不是經常地即偶然地相適應的情況下———決定價格(價值)，是個**不變**的規律，那麼，需求和供給的不相適應，從而價值和生產費用沒有必然的相互關係，也同樣是個**不變的規律**。的確，由於需求和供給的波動，由於生產費用和交換價值之間的不相適應，需求和供給只是暫時地相適應，而緊接著暫時的相適應又開始波動和不相適應。這種**現實的**運動——上面說到的規律只是它的抽象的、偶然的和片面的因素——被現代的國民經濟學家[41]歪曲成偶性、非本質的東西。為什麼？因為在他們把國民經濟學歸結為一些嚴格而準確的公式的情況下，他們要抽象地表達上述運動，基本的公式就必定是：在國民經濟學

中，規律由它的對立面，由無規律性來決定。國民經濟學的眞正規律是**偶然性**，我們這些學者可以從這種偶然性的運動中任意地把某些因素固定在規律的形式中。——

　　穆勒把**貨幣**稱爲交換的**媒介**，這就非常成功地用一個概念表達了事情的本質。貨幣的本質，首先不在於財產通過它轉讓，而在於人的產品賴以互相補充的**中介活動**或中介運動，**人的**、社會的行動**異化了**並成爲在人之外的**物質東西**的屬性，成爲貨幣的屬性。既然人使這種中介活動本身外化，他在這裡只能作爲喪失了自身的人、非人化的人而活動；物的**相互關係**本身、人用物進行的活動變成某種在人之外的、在人之上的本質所進行的活動。由於這種**異己的媒介**——人本身不再是人的媒介，——人把自己的願望、活動以及同他人的關係看作是一種不依賴於他和他人的力量。這樣，他的奴隸地位就達到極端。因爲媒介是支配它藉以把我間接表現出來的那個東西的**眞正的權力**，所以，很清楚，這個**媒介**就成爲**眞正的上帝**。對它的崇拜成爲目的本身。同這個媒介脫離的物，失去了自己的價值。因此，只有在這些物**代表**這個媒介的情況下這些物才有價值，而最初似乎是，只有在這個**媒介**代表這些**物**的情況下這個媒介才有價值。最初關係的這種顚倒是不可避免的。因此，這個**媒介**是私有財產的喪失了自身的、異化的**本質**，是在自身之外的，**外化的**私有財產，是人的生產與人的生產之間的**外化的中介作用**，是人的**外化的類活動**。因此，凡是人的這種類生產活動的屬性，都可以轉移給這個媒介。因此，這個媒介越**富有**，作爲人的人，即同這個媒介相脫離的人也就越貧窮。——

　　基督最初**代表**：(1)上帝面前的人；(2)人面前的上帝；(3)人面前的人。

同樣，**貨幣**按照自己的概念最初代表：⑴爲了私有財產的私有財產；⑵爲了私有財產的社會；⑶爲了社會的私有財產。

但是，基督是**外化的**上帝和外化的**人**。上帝只有在它代表基督時才有價值；人也只有在他代表基督時才有價值[75]。貨幣的情況也是一樣。——

爲什麼私有財產必然發展到**貨幣**呢？這是因爲人作爲喜愛交往的存在物必然發展到**交換**[XXV]，因爲交換——在存在著私有財產的前提下——必然發展到**價值**。其實，進行交換活動的人的中介運動，不是社會的、人的運動，不是**人的關係**，它是私有財產對私有財產的**抽象的關係**，而這種**抽象的**關係是**價值**。**貨幣**才是作爲價值的價值的現實存在。因爲進行交換活動的人不是作爲人來互相對待，所以物本身就失去人的、個人的財產的意義。私有財產對私有財產的社會關係已經是這樣一種關係，在這種關係中私有財產是同自身相異化的。因此，這種關係的獨立的存在，即貨幣，是私有財產的外化，是排除了私有財產的**特殊**個性的抽象。——

現代國民經濟學同貨幣主義，système monétaire[76]，的對立之所以不能給前者——儘管它充滿智慧——帶來決定性勝利，是因爲，如果說，人民和政府的粗陋的國民經濟學的盲目信仰緊緊抓住**感覺得到、摸得著、看得見的**錢袋不放。並因此而相信貴金屬的絕對價值，把對它的占有看作唯一現實的財富；如果說，隨後走來一個有見識的、老於世故的國民經濟學家，向他們證明：貨幣是一種同任何其他商品一樣的商品，因而它的價值也同任何其他商品的價值一樣，取決於生產費用同需求（競爭）和供給的關係，取決於生產費用同其他商品的數量或競爭的關係，——那麼，這個國民經濟學家得到的公正反駁是：物的**眞實的**價值仍然是它的**交換價值**；後者歸

根到底存在於貨幣之中，而貨幣又存在於貴金屬之中；可見，貨幣是物的**眞正的**價值，所以貨幣是最希望獲得的物。國民經濟學家的學說甚至最終也歸結爲這種明智的道理，所不同的只是他具有一種抽象能力，使他能在所有的商品形式中看到貨幣的這種存在，從而不相信貨幣的官方的金屬存在的專有價值。——貨幣的金屬存在僅僅是貫穿在資產階級社會的一切生產環節和一切運動中的貨幣靈魂的官方的、可感知的表現。

現代國民經濟學同貨幣主義的對立僅僅在於，現代國民經濟學是在貨幣本質的抽象性和普遍性中把握**貨幣本質**的，因此，它就擺脫了那種認爲貨幣本質只存在於貴金屬之中這種盲目信仰的**感性**形式。它用精緻的盲目信仰代替粗陋的盲目信仰。但鑒於兩者在本質上有著同一個根源，盲目信仰的文明形式不能夠完全排除它的粗陋的感性形式，因爲遭到攻擊的並不是盲目信仰的本質，而只是這種本質的某個形式。

貨幣越是抽象，它越是同其他商品沒有**自然**關係，它越是更多地作爲人的產品同時又作爲人的非產品出現，它的存在要素越不是**天然生長的**而是人製造的，用國民經濟學的話來表達就是，它的**作爲貨幣的價值**越是同交換價值或者同它存在於其中的物質的貨幣價值成**反**比例，那麼，作爲貨幣——而且不僅僅是作爲商品在流通過程或交換過程中內在的、自在地存在的、潛在的相互關係——的貨幣的**自身**存在就越適合於貨幣的本質。因此，**紙幣和許多紙的貨幣代表**（像滙票、支票、借據等等）是**作爲貨幣的貨幣**的**較爲完善的**存在，是貨幣的進步發展中必要的因素。

在**信用業**——它的完善的表現是**銀行業**——中出現一種假像，似乎異己的物質力量的權力被打破了，自我異化的關係被揚棄了，

人又重新處在人與人的關係之中。被這種**假象**所迷惑的**聖西門主義者**把貨幣的發展、滙票、紙幣、紙的貨幣代表、**信貸**、**銀行業**看作是逐漸揚棄人同物、資本同勞動、私有財產同貨幣、貨幣同人的分離的各個階段，看作是逐漸揚棄人同人的分離的各個階段。因此，他們的理想是組織起來的**銀行業**。但是，這種揚棄 [XXVI] 異化、人向自己因而也向別人**復歸**，僅僅是一個**假象**；何況這是**卑劣的**和**極端的**自我異化，非人化，因為它的要素不再是商品、金屬、紙幣，而是**道德的**存在、**社會的**存在、人自己的**內在生命**，更可惡的是，在人對人的**信任**的假象下面隱藏著極端的**不信任**和完全的異化。

　　信貸的本質是什麼構成的？我們在這裡完全不談信貸的**內容**——這個內容仍然是貨幣。就是說，我們不談這種由一個人向另一個人所表示的信任的**內容**：一個人**承認**另一個人，把某種價值貸給他並且——在最好的情況下，不要求為信貸支付利息，就是說他不是一個高利貸者——相信這另一個人不是騙子，而是一個「誠實的」人。在這裡，表示信任的人，像夏洛克一樣，認為「誠實的」人就是「有支付能力的」人。

　　信貸在兩種關係和兩種不同情況下是可以想像的。這兩種關係是：一個富人貸款給一個他認為是勤勞和有信用的窮人。這種類型的信貸屬於國民經濟學的浪漫的、溫情的部分，屬於它的迷誤、過分行為、**例外**，而不屬於**常規**。即使假定有這種例外，有這種浪漫的可能性，對富人來說，窮人的生命本身、他的才能和他的努力也都是歸還債款的**保證**：也就是說，窮人的全部社會美德，生命活動的全部內容，他的存在本身，在富人看來也都是償還他的資本連同普通利息的保證。因此，債權人把窮人的死亡看作最壞的事情，因為這是他的資本連同利息的死亡。請想一想，在信貸關係中用**貨幣**

來**估價**一個人是何等的卑鄙！不言而喻，債權人除了有**道德上的**保證以外，還有**法律**強制的保證以及他的債務人方面的或多或少的**實際**保證。如果債務人自己是富裕的，那麼，**信貸**就是直接成爲便於交換的**媒介**，即被提高到純粹**觀念**形式的**貨幣**本身。

　　信貸是對一個人的**道德**作出的**國民經濟學的**判斷。在信貸中，人本身代替了金屬或紙幣，成爲交換的**媒介**，但是人不是作爲人，而是作爲**某種資本**和利息的**存在**。這樣，交換的媒介物的確從它的物質形式返回和回復到人，不過這只是因爲人把自己移到自身之外並成了某種外在的物質形式。在信貸關係中，不是貨幣被人取消，而是人本身變成**貨幣**，或者是貨幣和人**併爲一體**。**人的個性**本身、人的**道德**本身既成了買賣的物品，又成了貨幣存在於其中的**物質**。構成**貨幣**靈魂的物質、軀體的，是我自己的個人存在、我的肉體和血液、我的社會美德和聲譽，而不是貨幣、紙幣。信貸不再把貨幣價值放在貨幣中，而把它放在人的肉體和人的心靈中。虛僞制度內的一切進步和不一貫全都是最大的倒退和始終一貫的卑鄙。

　　在信用業的範圍內，信用業同人相異化的性質在國民經濟學對人給予高度承認的假象下得雙重的證實：(1)資本家同工人之間、大資本家同小資本家之間的對立越來越大，因爲信貸只提供給已經富裕的人，並且使富人有進行積累的新機會。至於窮人，他認爲富人對他的隨意判決是對他的整個存在予以肯定或否定，因爲他的**整個**存在完全取決於這種偶然性。(2)爾虞我詐和假仁假義達到了無以復加的程度，以致對一個得不到信貸的人，不僅簡單地判決他是貧窮的，而且還在道德上判決他不配得到信任，不配得到承認，因而是社會的賤民，壞人。窮人除了自己窮困外，還遭受這樣的屈辱：他不得不低三下四地向富人**請求**貸款。[XXVII](3)由於貨幣的這種純

觀念的存在，人**僞造貨幣**可以不用任何別的材料，而只用他本人就行了：人不得不把自己變成贋幣，以狡詐、謊言等手段騙取信用，這種信貸關係——不論對表示信任的人來說，還是對需要這種信任的人來說——成了買賣的對象，成了相互欺騙和相互濫用的對象。同時這裡還十分清楚地暴露出，這種國民經濟學上的信任的基礎是**不信任**：疑惑不定地考慮應該還是不應該提供借貸；探察信貸尋求者的私生活的秘密等等；透露這個人的一時困境，使他的信用突然動搖，以便把對方整垮，等等。破產、虛假企業等等的整個體系……在**國家信貸**中，國家地位同上面說到的單個的人的地位完全一樣……在公債券的買賣中暴露出國家怎樣變成了商人的玩物，等等。

(4)**信用業**最終在**銀行業**中完成。銀行家所建立的銀行在國家中的統治，財產在銀行家——國家的國民經濟學的**阿雷奧帕格**——手中的集中，可以稱得上是貨幣的完成。

因爲在信用業中，**對一個人在道德上的承認，像對國家等的信任**一樣，採取了**信貸**的形式，所以隱藏在道德上的承認這種虛情假意之中的秘密，這種道德的**不道德的**卑鄙行爲，以及對國家的信任中所包含的假仁假義和利己主義也就暴露了出來，並且顯出了自己的眞實的性質。

不論是生產本身中人的活動的**交換**，還是**人的產品**的**交換**，其意義都相當於**類活動**和類精神——它們的現實的、有意識的、眞正的存在是**社會的**活動和**社會的**享受。因爲**人**的本質是人的**眞正的社會聯繫**，所以人類在積極實現自己**本質**的過程中**創造**、生產人的**社會聯繫**、社會本質，而社會本質不是一種同單個人相對立的抽象的一般的力量，而是每一個單個人的本質，是他自己的活動，他自己的生活，他自己的享受，他自己的財富。因此，上面提到的**眞正的**

社會聯繫並不是由反思產生的，它是由於有了個人的**需要**和**利己主義**才出現的，也就是個人在積極實現其存在時的直接產物。有沒有這種社會聯繫，是不以人爲轉移的；但是，只要人不承認自己是人，因而不按人的方式來組織世界，這種**社會聯繫**就以**異化**的形式出現。因爲這種社會聯繫的**主體**，即人，是同自身相異化的存在物。人——不是抽象概念，而是作爲現實的、活生生的、特殊的個人——**都是**這種存在物。這些個人**是怎樣的**，這種社會聯繫本身就是怎樣的。因此，以下論點是相同的：**人**同自身相異化以及這個異化了的人的**社會**是一幅描繪他的**現實的社會聯繫**，描繪他的眞正的類生活的諷刺畫；他的活動由此而表現爲苦難，他個人的創造物表現爲異己的力量，他的財富表現爲他的貧窮，把他同別人結合起來的**本質的聯繫**表現爲非本質的聯繫，相反，他同別人的分離表現爲他的眞正存在；他的生命表現爲他的生命的犧牲，他的本質的現實化表現爲他的生命的非現實化，他的生產表現爲他的非存在的生產，他支配物的權力表現爲物支配他的權力，而他本身，即他的創造物的主人，則表現爲這個創造物的奴隸。

國民經濟學以**交換**和**貿易**的形式來探討**人們的社會聯繫**或他們的積極實現著**人的**本質，探討他們在類生活中、而眞正的人的生活中的相互補充。

　　德斯杜特·德·特拉西說：「**社會是一系列的相互交換**⋯⋯它恰好也是這個相互結合的運動。」亞當·斯密說：「**社會**是一個**商業社會**。它的每一個成員都是**商人**。」**77**

我們看到，國民經濟學把社會交往的**異化**形式作爲**本質的**和**最初的**、作爲同人的使命相適應的形式**確定下來**了。

　　[XXVIII] 國民經濟學——同現實的運動一樣——以作爲**私有者同私有者**的關係的**人同人的關係**爲出發點。如果假定一個人的**私有者**，也就是說假定一個人是特殊的占有者，他通過這種特殊的占有證實自己的個性，並使自己同他人既相區分又相聯繫，——私有財產是他個人的、**有其特點的**、從而也是他的本質的存在，——那麼，私有財產的**喪失**或**放棄**，就是**人**和**私有財產**本身的**外化**。我們在這裡只談後一個定義。如果我把我的私有財產出讓給另一個人，那它就不再是**我的**了；它成爲一種與我無關的、**在我的範圍之外**的物，一種對我來說是外在的物。這就是說，我使我的私有財產**外化**了。因此，對於我來說，我把它看作是**外化**的私有財產。但是，如果只對於我來說，我使它外化了，那麼，我也不過把它看作是**外化的物**，我揚棄的只是我同他的**個人的**關係，我使它返回到**自發**的自然力的支配之下。私有財產只有當它不再是**我的**了，而且並不因此而不是一般**私有財產**的時候，也就是說，當它同**在我之外的另一個人**發生了它以前同我所處的那種關係的時候，換句話說，當它成爲**另一個人的私有財產**的時候，才成爲外化的**私有財產**。如果把**強制**的情況除外——我怎麼會非把**我的**私有財產轉讓給另一個人不可呢？國民經濟學回答得很正確：由於**貧困**，由於**需要**。另一個人也是私有者，然而是**另一種物**的私有者，這種物是我需要的，我沒有它就不行或者我不願意沒有它，在我看來，它是補足我的存在和實現我的本質所**必需的**。

　　使兩個私有者發生相互關係的那種聯繫是**物的特殊的性質**·而這個物就是他們的私有財產的物質。對這兩種物的渴望，即對它們的需要，向每一個私有者指明並使他意識到，他同物除了有私有權關係以外，還有另一種**本質的**關係，即他並不是他自認爲的那種特

殊的存在物，而是**總體的**存在物，他的需要也同另一個人的勞動產品有**內在的**所有權關係，因爲對某種物的需要最明顯、最無可爭辯地證明：這種物屬於**我的**本質，物的爲我的存在、對它的**占有**，就是我的本質的屬性和特點。這樣，兩個所有者都不得不放棄自己的私有財產，不過，是在確認私有權的同時放棄的，或者是在私有權關係的範圍內放棄的。因此，每一個人轉讓給別人的是自己的私有財產的一部分。

因此，兩個私有者的**社會**聯繫或**社會**關係表現爲私有財產的**相互外化**，表現爲双方的外化的關係或作爲這兩個私有者的關係的**外化**，而在簡單的私有財產中，**外化**還僅僅是就自身而言，是單方面發生的。

因此，**交換**或**物物交換**是社會的、類的行爲、社會聯繫、社會交往和人在**私有權**範圍內的聯合，因而是外部的、**外化的**、類的行爲。正因爲這樣，它才表現爲**物物交換**。因此，它同時也是同**社會**關係的對立。

私有財產本身由於它的相互外化或異化而獲得**外化的**私有財產這個定義。首先，因爲它不再是這種財產占有者的勞動產品，不再是占有者的個性的特殊表現，因爲占有者使它外化了，它脫離了曾是它的生產者的占有者，並且對於**不是**它的生產者來說獲得了私人的意義。私有財產對占有者來說失去了私人的意義。其次，它同另一種私有財產發生關係，並被認爲同這種私有財產是相等的。它的地位被**另一種**私有財產所代替，如同它本身代替了**另一種**私有財產一樣。因而，私有財產從双方來看都表現爲另一種私有財產的代表，表現爲同**另一種**自然產物**相等的東西**，並且双方是這樣相互發生關係的：每一方都代表**另一方**的存在，双方都作爲它的自身和它的異

在的**代替物**相互發生關係。因此，私有財產本身的存在就成了它作
爲**代替物**，作爲**等價物**的存在。現在，它不表現爲同自身的直接統
一，只表現爲同某個**他物**的關係。它的作爲**等價物**的存在不再是具
有它的特點的那種存在了。因此，它成了**價值**並且直接成了**交換價
值**。它的作爲**價值**的存在是**它自身**的一種不同於它的直接存在的、
外在於它的特殊本質的、**外化的**規定[XXIX]，某種僅僅是**相對的**存
在。

如何更詳細地規定這個**價值**以及這個價值如何成爲**價格**，應當
在其他地方加以探討。

交換關係的前提是**勞動**成爲**直接謀生的勞動**。異化勞動的這種
關係之所以達到自己的頂點，是由於⑴一方面，**謀生的勞動**以及工
人的產品同工人的需要、同他的**勞動使命**沒有任何**直接的**關係，而
是不論就哪方面來說，都決定於對工人來說是異己的社會組合；⑵
購買產品的人自己不生產，只是換取別人生產的東西。在上面說到
的那種**外化的**私有財產的粗陋形式中，在**物物交換**中，兩個私有者
中任何一人生產的東西都是他的需要、他的才能和手頭有的自然材
料直接促使他去生產的。因此，其中任何一人只是用自己的產品餘
額去交換另一人的產品餘額。誠然，勞動是勞動者直接的**生活來源**，
但同時也是他的**個人存在**的積極實現。通過交換，他的**勞動**部分地
成了**收入的來源**。這種勞動的目的和它的存在已經不同了。產品是
作爲**價值**，作爲**交換價值**，作爲**等價物**來生產的，不再是爲了它同
生產者直接的個人關係而生產的。生產越是多方面的，就是說，一
方面，需要越是多方面的，另一方面，生產者完成的製品越是單方
面的，他的勞動就越是陷入**謀生的勞動**的範疇，直到最後他的勞動
的意義僅僅歸於謀生的勞動並成爲完全**偶然的**和**非本質的**，而不論

生產者同他的產品是否有直接消費和個人需要的關係，也不論他的**活動**、勞動本身的行動對他來說是不是他個人的自我享受，是不是他的天然稟賦和精神目的的實現。

在謀生的勞動中包含著：(1)勞動對勞動主體的異化和偶然聯繫；(2)勞動對勞動對象的異化和偶然聯繫；(3)工人的使命決定於社會需要，但是社會需要對他來說是異己的，是一種強制，他由於利己的需要、由於窮困而不得不服從這種強制，而且對他來說，社會需要的意義只在於它是滿足他的直接需要的來源，正如同對社會來說，他的意義只在於他是社會需要的奴隸一樣；(4)對工人來說，維持工人的個人生存表現為他的活動的**目的**，而他的現實的行動只具有手段的意義；他活著只是為了謀取**生活**資料。

因此，在私有權關係的範圍內，社會的權力越大，越多樣化，人就變得越**利己**，越沒有社會性，越同自己固有的本質相異化。

同**人的活動**的產品的相互交換表現為**物物交換**，表現為**做買賣**(Schacher) [78]一樣，活動本身的相互補充和相互交換表現為**分工**，這種分工使人成為高度抽象的存在物，成為旋床等等，直至變成精神上和肉體上畸形的人。

現在正是人的勞動的**統一**只被看作**分離**，因為社會的本質只在自己的對立物的形式中，在異化的形式中獲得存在。**分工**隨著文明一同發展。

在分工的前提下，產品、私有財產的材料對單個人來說越來越獲得**等價物**的意義；而且既然人交換的已不再是他的**餘額**，而是他所生產的，對他來說是完全**無關緊要**的物，所以他也不再以他的產品直接換取他**需要**的物了。等價物在**貨幣**中獲得自己作為等價物的存在，而貨幣現在是謀生的勞動的直接結果、是交換的**媒介**(見上

文)。

在不論對材料的性質即私有財產的特殊性質還是對私有者的個性都完全無關緊要的**貨幣**中，表現出異化的物**對**人的全面統治。過去表現爲個人對個人的統治的東西，現在則是**物**對**個人**、產品對生產者的普遍統治。如果說，在**等價物**中，在**價值**中已經包含著私有財產的**外化**這一規定，那麼，這種**外化**在**貨幣**中就獲得感性的，甚至是物質的存在。

[XXX] 不言而喻，國民經濟學能夠把這整個發展只作爲某種事實，作爲偶然需要的產物來把握。

勞動同它自身的分離等於工人同資本家的分離，等於勞動同資本——它的最初形式分爲**地產**和**動產**——的分離……私有財產的最初定義是**壟斷**；因此，一旦私有財產獲得政治結構，這就是壟斷的結構。完成了的壟斷是競爭。在國民經濟學家看來，**生產**、**消費**以及作爲兩者之間的媒介的**交換**和**分配**是孤立地存在的。生產和消費、活動和精神在不同的人之間和在同一個人身上的分離，是**勞動**同它的**對象**以及同它那作爲精神的自身的**分離**。**分配**是私有財產的積極實現自身的力量。——勞動、資本和地產彼此的分離，以及一種勞動同另一種勞動、一種資本同另一種資本、一種地產同另一種地產的分離，最後，勞動同勞動報酬、資本同利潤、利潤同利息以至地產同地租的分離，使得自我異化不僅以自我異化的形式而且以相互異化的形式表現出來。

現在假定有這樣一個情況：政府想把貨幣的增加量或減少量固定下來。「如果它力求把貨幣量保持在能保證物的自由流通的限度內，那麼，它就提高已鑄成貨幣的金的價值，因此，大家都願意把自己的金塊變成鑄幣。在這種情

況下就發生私造貨幣的事，於是，政府不得不用懲罰的方法加以制止。如果政府要把貨幣量保持**在**必需的水平**之上**，那麼，它就壓低貨幣的價值，這樣，每一個人都竭力把貨幣鑄成金塊，對此政府只好又採用懲罰的辦法。但是，利欲勝過對懲罰的恐懼。」（第137-138頁）

§9.「如果兩個人各欠對方100鎊，他們就不必相互支付這筆款項，而只要相互交換他們的債券就行了。兩個國家之間的情況也是如此。因此，就有了**滙票**，這在實行不文明的政策的時期尤爲必要，因爲這種政策禁止並嚴懲貴金屬**出口**。」（第142、[143-144]頁）

§10.通過紙幣來節省**非生產性**消費。（第146頁及以下各頁）

§11.「使用紙幣的弊端表現在：(1)發行紙幣的人**逃避**履行自己的義務。(2)僞造。(3)外滙行市，行市變化。」（第149頁）

§12.貴金屬是商品。「人們只出口那些輸出國比輸入國價廉的商品，而只進口那些輸入國比輸出國價貴的商品。」這樣，「貴金屬應該進口還是出口，取決於該國貴金屬的價值」（第175頁及以下各頁）。

§13.「貴金屬的價值相當於用來同貴金屬相交換的其他物品的數量。」（第177頁）這個比例在不同的國家是不同的，甚至在同一個國家的不同地區也是不同的。「『生活費用不高』的意思是：在某個地方能用較少的貨幣買到生活資料。」（第177頁）

§14.國家之間的關係同商人之間的關係一樣，「它們總是盡量設法賤買貴賣」（第215頁）。

四　論消費

「**生產、分配、交換**只是**手段**。誰也不爲生產而生產。」所有這一切都是中間的、中介的活動。「目的是**消費**。」（第237頁）

§1.消費分爲：(1)**生產性**消費。它包括了爲了生產物品所花費的一切，也包括工人的生活資料；其次是生產操作所需的機器、工具、廠房、牲畜；最後是原料——「或者是直接用以製成產品的東西，或者是可以從中提取產品的東西」（第238-239頁）。「只有第二類物品在生產操作的過程中不完全消費掉。」（第239頁）

(2)**非生產性**消費

「僕役的工資，凡不是爲了產品、不是爲了藉助一物品而生產另一等價物的消費，都是非生產性消費。」（第 240 頁）「生產性消費本身是一種**手段**，即生產手段；非生產性消費不是手段，而是目的；是通過消費得到的**享受**，是消費前的一切活動的**動機**。」（第 241 頁）經過前一種消費一無所失，而經過後一種消費則失去一切。（同上）「**生產地**消費的東西總是**資本**。這就是生產性消費的一個特別值得注意的屬性。生產地消費的東西」**就是資本**，並且通過消費才「**成爲資本**」（第 [241] -242 頁）。「一國的生產力在一年中所創造的全部東西構成年總產品。其中絕大部分用於補償消費掉的資本。總產品中補償資本以後剩餘的部分構成純產品；它只作爲資本的利潤或地租進行分配。」（第[242]-243 頁）「它是一種基金，國民資本的一切追加部分通常都來源於這種基金。」（第 243頁）與**生產性消費**和**非生產性消費**相應的是**生產性**勞動和**非生產性**勞動。（第244 頁）

§2.「在一年內生產的一切，在下一年就消費掉」——生產地消費掉或非生產地消費掉。（第 246 頁）

§3.「消費隨著生產的擴大而擴大，一個人進行生產只是由於他需要**擁有**。如果所生產的物品就是他想要的東西，那麼在他獲得自己所需要的數量後，他就停止勞動。」如果他生產多餘的物品，那麼這是因爲他想在交換中用這種「多餘的物品」去換取任何其他的物品。他生產這種東西，是因爲他渴望占有另一種東西。這種東西的生產對他説來是獲得另一種東西的唯一手段，而他獲得這另一種東西要比他被迫自己去生產時便宜。在分工的情況下，他只限於生產某一種東西或這種東西的一部分；他自己只使用自己產品中的一小部分，其餘部分則用來購買他所需要的所有其他的商品；如果一個人只限於生產某種單一的東西，並用自己的產品去交換所有其他的東西，那麼他就會發現，他從他所渴求的各種東西中得到的要比他自己 [XXXI] 生產這些東西時得到的多。「如果一個人只爲自己生產，那就不會有**交換**。這種人不需要購買什麼東西，也不提供什麼東西去出售。他占有一種物品，他生產了這種物品，但不打算把它們脫手。如果在這種場合拿『供給和需求』這一用語來作比喻，那麼供給和需求在這裡是完全符合的。至於可賣物品的供給和需求，我們完全可以把年產品中每個生產者消費掉的部分——不管是他生產的或是購買到的——撇開不談。」（第 [249-250]、251 頁）

「我們在這裡談論供給和需求，也只是就總的情況來説的。如果我們談到某個國家在某個時期的供給等於它的需求，那麼我們談的並不是一種或兩種商

品，而是想說，該國對所有商品的需求整個說來等於該國能夠提供交換的所有商品。儘管總的說來供給和需求相等，但是完全可能發生這樣的情況：某種或幾種單個商品的生產多少或少於對這些商品的需求。」（第251-252頁）「構成**需求**必須有兩個條件：要有得到某種商品的願望和擁有可以提供交換的等價物品。『需求』這一用語意味著購買**願望**和購買**手段**。如果缺少其中之一，購買就不能實現。擁有等價物品是任何一種需求的必要基礎。一個人想占有某些物品，但是又不提供什麼東西來換取這些物品，那種希望是徒勞的。一個人所提供的等價物品就是需求的**工具**。他的需求量就是用這個等價物品的價值來衡量的。需求和等價物品是兩個可以**相互**代替的用語。我們已經看到，每個從事生產的人都力圖占有不同於他所生產的物品的另一些物品，而這種意圖即這種願望的大小是以他不想留下供自己消費的產品總量來**衡量**的。同樣明顯的是，一個人可以想把自己生產的而又不想自己消費的物品拿出來同其他物品相交換。可見，他的**購買願望**和**購買手段**是相等的，或者說，他的需求，正好等於他不想供自己消費的產品總量。」（第252-253頁）

　　穆勒在這裡以其慣於嘲諷的尖銳性和明確性分析了私有制基礎上的交換。

　　人──這就是私有制的基本前提──進行**生產**只是爲了**擁有**。生產的目的就是**擁有**。生產不僅有這樣一種**功利**的目的，而且有一種**利己**的目的；人進行生產只是爲了自己**擁有**；他生產的物品是他**直接的**、利己的**需要**的對象化。因此，人本身──在未開化的野蠻狀態下──以他自己直接需要的**量**爲他生產的尺度，這種需要的內容**直接**是他所生產的物品本身。

　　因此，人在這種狀態下生產的東西**不多於他直接的**需要。**他需要的界限**也就是**他生產的界限**。因此需求和供給就正好相抵。他的生產是以他的需要來**衡量**的。在這種情況下就沒有交換，或者說，交換歸結爲他的勞動同他勞動的產品相交換，這種交換是真正的交換的潛在形式（萌芽）。

　　一旦有了交換，就有了超過占有的直接界限的剩餘產品。但是這種剩餘產品並沒有超出利己的需要。相反，它只是用以滿足這樣的需要的中介**手段**，這種需要不是直接在**本人**的產品中，而是在另一個人的產品中對象化。生產成爲**收入的來源**，成爲謀生的勞動。可見，在第一種情況下，需要是生產的尺度，而在第二種情況下，產品的生產，或者更確切地說，**產品的占有**，是衡量能夠在多大程度上使需要得到滿足的尺度。

　　我是爲自己而不是爲你生產，就像你是爲自己而不是爲我生產一樣。我的生產的結果本身同你沒有什麼關係，就像你的生產的結果同我沒有直接的關係一樣。換句話說，我們的生產並不是人爲了作爲人的人而從事的生產，即不是**社會的**生產。也就是說，我們中間沒有一個人作爲同另一個人的產品有消費關係。我們作爲人並不是爲了彼此爲對方生產而存在。因此，我們的交換也就不可能是那種證明我的產品[XXXII]是爲你而生產的產品的中介運動，因爲我的產品是你自己的本質即你的需要的**對象化**。問題在於，不是**人的本質**構成我們彼此爲對方進行生產的紐帶。交換只能導致**運動**，只能證明我們每一個人對自己的產品從而對另一個人的產品的關係的**性質**。我們每個人都把自己的產品只看作是**自己的**、對象化的私利，從而把另一個人的產品看作是**別人的**、不以他爲轉移的、異己的、對象化的私利。

　　當然，你作爲同我的產品有一種人的關係；你**需要**我的產品；因此，我的產品對你來說是作爲你的願望和你的意志的對象而存在的。但是，你的需要、你的願望、你的意志對我的產品來說却是軟弱無力的需要、願望和意志。換句話說，你的**人的**因而也就是同我的人的產品必然有內在聯繫的本質，並不是你支配這種產品的**權力，**

並不是你對這種產品的所有權，因為我的產品所承認的不是人的本質的**特性**，也不是人的本質的**權力**。相反，你的需要、你的願望、你的意志是使你依賴於我的**紐帶**，因為它們使你依賴於我的產品。它們根本不是一種賦予你支配我的產品的**權力**的**手段**，倒是一種賦予我支配你的權力的**手段**！

如果我生產的物品**超過了**我自己能夠直接消費的，那麼，我的**剩餘**產品是精確地**估計**到你的需要的。我只是**在表面上**多生產了這種物品。實際上我生產了**另一種**物品，即我想以自己的剩餘產品來換取的、你所生產的物品，這種交換在我思想上已經完成了。因此，我同你的**社會**關係，我為你的需要所進行的勞動只不過是**假象**，我們的相互補充，也只是一種以相互掠奪為基礎的**假象**。在這裡，掠奪和欺騙的企圖必然是秘而不宣的，因為我們的交換無論從你那方面或從我這方面來說都是利己的，因為每一個人的私利都力圖超過另一個人的私利，所以我們就不可避免地要設法相互欺騙。我認為我的物品對你的物品所具有的權力的大小，當然需要得到你的**承認**，才能成為真正的權力。但是，我們相互承認對方對自己的物品的權力，這却是一場鬥爭。在這場鬥爭中，誰更有毅力，更有力量，更高明，或者說，更狡猾，誰就勝利。如果身強力壯，我就直接掠奪你。如果用不上體力了，我們就相互訛詐，比較狡猾的人就欺騙不太狡猾的人。就**整個**關係來說，誰欺騙誰，這是偶然的事情。雙方都進行**觀念上**和**思想上**的欺騙，也就是說，每一方都已在自己的判斷中欺騙了對方。

總之，雙方的交換必然是以一方生產的和占有的**物品**為中介的。當然，我們彼此同對方產品的觀念上的關係是我們彼此的需要。但是，**現實的、實際的、真正的**、在事實上實現的關係，只是**彼此排**

斥對方對自己產品的**占有**。在我心目中，唯一能向你對我的物品的需要提供**價值、身價、實效的**，是你的**物品**，即我的物品的**等價物**。因此，我們彼此的產品是滿足我們彼此需要的**手段、媒介、工具、公認的權力**。因此，你的**需求**和**你所占有的等價物**，對我來說是具有**同等意義的**、相同的術語。你的需求只有在對我具有意義和效用時，才具有效用，從而具有**意義**；如果單純把你看作一個沒有這種交換工具的人，那麼，你的需求從你這方面來說是得不到滿足的願望，而在我看來則是實現不了的幻想。可見，你作爲人，同我的物品毫無關係，因爲**我自己**同我的物品也不具有人的關係。但是，**手段**是支配物品的**眞正的權力**。因此，我們彼此把自己的產品看作一個人支配另一個人而且也支配自己的**權力**，這就是說，我們自己的產品頑強地不服從我們自己，它似乎是我們的財產，但事實上我們是它的財產。我們自己被排斥於**眞正的**財產之外，因爲我們的**財產**排斥他人。

　　我們彼此進行交談時所用的唯一可以了解的語言，是我們的彼此發生關係的物品。我們不懂得人的語言了，而且它已經無效了；它被一方看成並理解爲請求、哀訴，[XXXIII]從而被看成**屈辱**，所以使用它時就帶有羞恥和被唾棄的感情；它被另一方理解爲**不知羞恥**或**神經錯亂**，從而遭到駁斥。我們彼此同人的本質相異化已經到了這種程度，以致這種本質的直接語言在我們看來成了對**人類尊嚴的侮辱**，相反，物的價值的異化語言倒成了完全符合於理所當然的、自信的和自我認可的人類尊嚴的東西。

　　當然，在你心目中，你的產品是攫取我的產品從而滿足你的需要的**工具、手段**。但是，在我心目中，它是我們交換的**目的**。相反，對我來說，你是生產那在我看來是目的的物品的手段和工具，而你

對我的物品也具有同樣的關係。但是，(1)我們每個人實際上把自己**變成了**另一個人心目中的東西；你爲了攫取我的物品實際上把自己變成了手段、工具、**你自己的物品的生產者**。(2)你自己的物品對你來說僅僅是我的物品的**感性的外殼、潛在的形式**，因爲你的生產**意味著**並**表明想謀取**我的物品的意圖。這樣，你爲了你自己而在事實上成了你的物品的**手段、工具**，你的願望則是你的物品的**奴隷**，你像奴隷一樣從事勞動，目的是爲了你所願望的對象永遠不再給你恩賜。如果我們被物品弄得相互奴役的狀況在發展的初期實際上就表現爲**統治**和**被奴役**的關係，那麼這僅僅是我們的**本質**關係的**粗陋的**和**直率的**表現。

對我們來說，我們**彼此的**價值就是我們彼此擁有的物品的**價值**。因此，在我們看來，一個人本身對另一個人來說是某種**沒有價值的**東西。

假定我們作爲人進行生產。在這種情況下，我們每個人在自己的生產過程中就**雙重地**肯定了自己和另一個人：(1)我在我的**生產中**使我的**個性**和我的個性的**特點**對象化，因此我既在活動時享受了個人的**生命表現**，又在對產品的直觀中由於認識到我的個性是**對象性的、可以感性地直觀的**因而是**毫無疑問的**權力而感受到個人的樂趣。(2)在你享受或使用我的產品時，我**直接**享受到的是：既意識到我的勞動滿足了**人的**需要，從而使**人的**本質對象化，又創造了與另一個**人的**本質的需要相符合的物品。(3)對你來說，我是你與類之間的**媒介**，你自己認識到和感覺到我是你自己本質的補充，是你自己不可分割的一部分，從而我認識到我自己被你的思想和你的愛所證**實**。(4)在我個人的生命表現中，我直接創造了你的生命表現，因而在我個人的活動中，我直接**證實**和**實現**了我的眞正的本質，即我的**人的**

本質，我的社會的本質。

我們的產品都是反映我們本質的鏡子。

情況就是這樣：你那方面所發生的事情同樣也是我這方面所發生的事情。

讓我們來考察一下在我們的假定中出現的不同因素。

我的勞動是**自由的生命表現，**因此是**生活的樂趣。**在私有制的前提下，它是**生命的外化，**因為我勞動是為了**生存，**為了得到生活**資料。**我的勞動**不是**我的生命。

第二：因此，我在勞動中肯定了自己的**個人**生命，從而也就肯定了我的個性的**特點。**勞動是我**真正的、活動的財產。**在私有制的前提下，我的個性同我自己外化到這種程度，以致這種**活動**為我所**痛恨，**它對我來說是一種**痛苦，**更正確地說，只是活動的**假象。**因此，勞動在這裡也僅僅是一種**被迫**的活動，它加在我身上僅僅是由於**外在的、**偶然的需要，而**不是**由於**內在的必然**的需要。

我的勞動是什麼，它在我的物品中就只能表現為什麼。它不能表現為它本來**不是**的那種東西。因此，它只是我的**自我喪失**和我的**無權**的表現，而這種表現是對象性的、可以感性地直觀的因而是毫無疑問的。

(3)「顯然，每個人加在產品總供給量上的，是他生產出來但不準備自己消費的一切東西的總量。無論年產品的一定部分以什麼形式落到這個人的手裡，只要他決定自己一點也不消費，他就希望把這一部分產品完全脫手；因此，這一部分產品就全部用於增加供給。如果他自己消費這個產品量的一部分，他就希望把餘額全部脫手，這一餘額就全部加在供給上。」（第253頁）「可見，因為每個人的需求等於他希望脫手的那一部分年產品，或者換一種說法，等於他希望脫手的那一部分財富，並且因為每個人的供給也完全是一樣的，所以每個人

的供給和需求必然是相等的。供給和需求處於一種特殊的相互關係之中。每一種被供給的、被運往市場的、被出賣的商品，始終同時又是需求的**對象**，而成爲需求對象的商品，始終同時又是產品總供給量的一部分。每一個商品都始終**同時**是需求的對象和供給的對象。當兩個人進行交換時，其中一個人不是爲了僅僅創造供給而來，另一個人也不是僅僅爲了創造需求而來；**他的供給對象、供給品**，必定給他帶來他需求的對象，因此，他的需求和他的供給是完全相等的。但是如果每一個人的供給和需求始終相等，那麼，一個國家的全體人員供給和需求，總起來說，也是這樣。因此，無論年產品總額如何巨大，它永遠不會超過年需求總額。有多少人分配年產品，年產品總量就分成多少部分。需求的總量，等於所有這些部分產品中所有者不想留下供自己消費的東西的總額。但是，所有這些部分的總量，恰恰等於全部年產品。」（第 253-255 頁）

人們對此提出異議：「同需求相比，生活資料和商品經常大大過剩。我們並不否認這一事實，然而它也否認不了我們觀點的正確性」（第 255 頁）。

「雖然每一個到市場上去進行交換的人的需求等於他的供給，但是仍然可能發生這種情況，他在這裡碰不到他想找的那一類買者；可能沒有一個人願意要他想用來交換的那種物品。儘管如此，嚴格地說，需求還是等於供給，因爲他想用他提供的物品去換取某種物品；因爲**貨幣**本身是一種商品，除了把它用於生產性或非生產性消費，誰也不想把它用於其他目的。」（第 256 頁）「既然每個人的需求和供給彼此相等，那麼當市場上有一種商品或生活資料**超過**需求時，就會有另一種商品或生活資料**低於**需求。」（同上）如果個人的供給和需求相等，那麼總的供給和需求就始終相等。「在這種情況下，無論年產品怎樣多，也不會有任何商品過剩。現在假定，需求和供給的完全一致被部分地破壞了，例如，對穀物的需求不變，而呢絨的供給卻顯著增加。這時，呢絨就過剩了，因爲對呢絨的需求並沒有增加，但是必然會發生另一些商品的相應短缺，因爲所生產的呢絨的追加量只能靠一種方法獲得，即從其他一些商品的生產中抽出一筆資本，因此這些商品的產量減少了。但是，如果某一商品的數量減少了，而**需求**的量仍然較大，那麼這種商品就會短缺。因此，在同一個國家中，一種或幾種商品的量，在另外一種或幾種商品的量不低於其需求量的情況下，是絕不可能相應地超過其需求量的。」（第 256、257-258 頁）

「需求和供給之間的不一致所造成的實際結果是眾所周知的。供給過剩的商品跌價，而短缺的商品則漲價。前一種商品跌價，很快會由於利潤減少而把一部分資本從這類商品的生產中抽出來。短缺商品漲價，就會把一部分資本吸

收到這個生產部門。這種運動一直要進行到利潤平均化爲止，就是説，一直要進行到需求和供給一致爲止。」（第 258 頁）「可以用來證明年產品能夠比消費增加得更快這一論斷的最強有力的論據，是這樣一種情況：每個人只消費最必需的物品，因而年產品的全部剩餘就會節約下來。但是這種情況是不可能的，因爲它與人類天性的原則是不相容、不符合的。」儘管如此，我們還是研究它的結果，以便證實產品和對產品的需求之間的平衡。（第 258-259 頁）

「在這種情況下，每個人獲得的部分年產品——除去他消費的**最**必需的物品——就用於生產。整個國民的資本用於生產原料和小量的日用品，因爲這就是唯一需求的商品。既然每個人在年產品中所占的份額，除去他所消費的，都用於生產，這一部分年產品就**花費**在供原料生產和某些日用品生產所需的物品上。但是這些物品本身恰恰就是原料和日用品，因此不僅每個人的需求完全包括在這些物品之中，而且全部供給也包括在這些物品之中。已經證明：總需求等於總供給，因爲年產品中超過消費部分的餘額成了需求的對象，而這全部餘額又成了供給的對象。可見，同需求相比，生產決不會提高太快。生產是需求的原因，而且是**唯一的原因**。生產只有在創造需求時才創造供給，是在同一時間内創造的，並且使二者相等。」（第 259-260 頁）

(4)「所有的消費都是由個人或政府進行的。政府消費的東西，**沒有作爲資本被消費掉，沒有以產品的形式得到補償**，它僅僅被消費掉，並不生產任何東西。但是，這種消費是保護任何生產得以進行的原因。不過，如果其他東西不是以不同於政府消費的方式來消費，那就根本沒有產品了。」

（因此，穆勒可以進一步説，那時也就根本沒有政府了。）（第 261—262 頁）

「國家收入是從土地租金或地租，從資本的利潤或從工資中抽取的。」（第 262 頁）「國家收入按什麼比例並以何種方式從這三種來源〈在斯卡爾培克看來，利息有：(1)貨幣利息，(2)地租，(3)作爲地租特殊形式的租金。〉之一中抽取呢？這就是這裡唯一使我們感興趣的問題。」（第 262 頁）抽取國家收入的方式有**直接的**和**間接的**兩種。我們先考察第一種。（第 262-263 頁）

(5)如果國家的支出從地租中支付，那就不「影響國家的工業。土地的耕種取決於**資本家**，他投身於這一事業是因爲它會給他的資本帶來通常的利潤。對

於資本家來說，把剩餘的產品以地租的形式支付給土地所有者，還是以賦稅的形式支付給政府稅吏，這是無所謂的」（第264頁）。以前，君主靠歸屬於他的地產（領地）支付他的絕大部分日常費用，而軍費則靠他的貴族支付，也只有在這個明確的條件下才把地產分封給貴族。「可見，在那時，政府的全部支出，少數例外，都是從地租中支付的。」（第〔264〕-265頁）因此，國家的支出從地租中支付，有很大的好處。「資本占有者可以從這裡獲取利潤，工人可以獲得到自己的工資而沒有任何扣除，每個人可以用最有利的方法使用自己的資本，而不會由於捐稅的有害影響，被迫把自己的資本從國內生產效率較高的領域轉到另一個生產效率較低的領域。」（第266頁）

顯然，穆勒像李嘉圖一樣，反對向任何政府提出關於把地租作爲稅收的唯一來源的想法，因爲這對一個特殊的單個人階級說來是偏頗不公的負擔。**但是**——這是一個重要而又狡詐的「但是」——地租稅從國民經濟學的觀點來看是唯一**無害的，**因而**從國民經濟學的觀點來看**也是唯一**公正的稅收。**國民經濟學提出的與其說是嚇人的不如說是誘人的唯一顧慮是：「即使在一個具有一般的人口密度的面積的國家裡，地租水平也會超過政府的需求。」——

「人們**買**和**賣**現存的地租，做買賣的人是把希望寄託在地租上的。因此，它應當不計入任何特別稅之內」，或者至少應當給它以可望有所提高的前景。人們做買賣的念頭是不會超出這個範圍的。「現在我們假定，在立法機關的支配下，藉助於它制定的法令，並在一切其他因素都保持不變的情況下，土地純產品的數量增加一倍。在這種場合，沒有任何法律根據去阻礙立法機關行使權力，而是有許許多多理由讓它來行使權力」，以便「從這種新的來源中支付國家的支出，免除公民們對支付這些支出的任何負擔。這樣的措施不會給土地所有者帶來不公正。他所得到的地租額，在大多數情況下甚至由於農業上的某種改良可望得到的地租額，仍然會保持不變，而社會的其他成員得到的好處却很大」（第268-269頁）。

「立法機關實際上具有我們所設想的權力。它採取一切措施增加人口，從而增加對生活資料的需求，這樣，它就迅速地增加了農業的純產品，就像出了

奇蹟一樣。如果立法機關實際上有步驟地去做它想像中會通過某種直接的行動完成的事情，那麼這也不會使現狀有什麼改變。」（第 269-270 頁）「隨著人口的增長和在土地上或多或少更有效地使用資本，在一國農業的純產品中就有一個越來越大的部分進入地租，而資本的利潤則相應地減少。由**社會**而不是由土地所有者的私人行動所創造的條件使地租不斷增多，看來，這會形成一種基金，這種基金對於滿足全國需要來說，其適應程度不小於從未實行土地私有制的國家的土地收入。」保持原有收入的土地所有者，收租人，「沒有權利對並沒花費他什麼東西的新收入來源成爲供國家之用的基金這一點發怨言」（第 270-271 頁）。

　　(6)「**資本利潤**的直接稅，只由資本家負擔，不能轉嫁給社會的其他部分。」此外，「一切物品的價值都會保持不變」（第 272-273 頁）。

卡·馬克思寫於 1844 年上半年第一　　　　　　　　　　　原文是德文
次發表《馬克思恩格斯全集》1932
年國際版第 1 部分第 3 卷

注　釋

1　《1844年經濟學哲學手稿》看來是馬克思曾經打算撰寫的《政治和政治經
濟學批判》一書的草稿。我們看到的這部著作是在30×40厘米紙上的三個
手稿。每個手稿都有自己的頁碼(用羅馬數字編號)。在第一手稿(共三十
六頁)中，每頁都分成並列的三欄或兩欄，各欄分別加上標題：《工資》、
《資本的利潤》、《地租》。從第ⅩⅤⅠⅠ頁起只是《地租》這一欄有正文，
而從第ⅩⅩⅠ頁起到第一手稿的末尾，馬克思不管原先加的標題，在所
有三欄都寫了正文。從第ⅩⅩⅠⅠ頁到第ⅩⅩⅤⅠⅠ頁這六頁原文由俄文
版編者加上《異化勞動》這一標題。第二手稿只保存下來四頁。第三手稿
是用白線釘上的十七大張紙(對折三十四張)。第三手稿的末尾(在第ⅩⅩ
ⅩⅠⅩ-XL頁)是《序言》，現在和前幾版一樣，把它放在開頭。按照馬克
思在《序言》中所表示的意思，把手稿中標明(6)的那一部分(批判黑格爾
哲學的部分)放在全書的末尾。

　　馬克思的這部手稿現在所用的名稱，以及放在方括號裡的各個部分的
標題都是俄文版編者加的。——第1頁。

2　這裡以及下面的羅馬數字都是作者編的手稿頁碼。——第1頁。

3　這一批判的開頭是馬克思的著作《黑格爾哲學批判導言》(見《馬克思恩格
斯全集》第1卷第452-467頁)。——第1頁。

4　這個計劃沒有實現。馬克思沒有寫這些小冊子，可能不是因爲各種外部情
況，而是因爲他確信，在他還沒有對各種社會(其中包括資產階級社會)
的基礎——生產關係——作出科學的分析以前，要對法、道德、政治和上
層建築的其他範疇的問題進行獨立的科學的考察是不可能的。——第1
頁。

5　指布·鮑威爾，他在《文學總滙報》(《Allgemeine Literatur-Zeitung》)
上針對有關猶太人問題的圖書、論文和小冊子發表了兩篇長篇評論。馬克
思在這裡所引用的詞句大部分是從《文學總滙報》第1期(1843年12月)

和第4期（1844年3月）刊載的這兩篇評論中摘來的。「烏托邦的詞句」和「密集的群衆」這些用語見《文學總滙報》第8期（1844年7月）布・鮑威爾的論文《什麼是現在批判的對象?》。馬克思和恩格斯後來在《神聖家族，或對批判的批判所做的批判》（見《馬克思恩格斯全集》第2卷）中對這個月刊展開了全面的批判。——第2頁。

6　這時，馬克思除德文以外還掌握了法文，對法國的文獻十分熟悉。他讀了孔西得朗、列魯、蒲魯東、卡貝、德薩米、邦納羅蒂、傅立葉、勞蒂埃爾、維爾加爾德爾和其他作者的著作，而且還經常做摘要。在四十年代前半期，馬克思還沒有掌握英文，因此他只能通過譯本或法譯本來利用英國社會主義的著作。例如，歐文的作品，他就是通過法譯本和論述歐文觀點的法國作家的著作來了解的。《經濟學哲學手稿》正文和其他文獻資料都還沒有表明，馬克思這時已具有了他後來例如在《哲學的貧困》（寫於1847年）中所顯示出來的那種對英國社會主義者的著作的淵博知識。——第2頁

7　除了魏特林的主要著作《和諧與自由的保證》（1842）以外，馬克思大概還指魏特林在他本人於1841-1843年出版的雜誌上所發表的文章，以及他爲正義者同盟寫的綱領性著作《人類的現狀和未來》。
在格奧爾格・海爾維格出版的《來自瑞士的二十一印張》（《Ein-undzwanzig Bogen aus der Schweiz》），1843年蘇黎世和溫特圖爾版）文集中，匿名發表了赫斯的三篇文章:《社會主義和共產主義》、《行動的哲學》和《唯一和完全的自由》。——第2頁。

8　見《馬克思恩格斯全集》第1卷第596-625頁。——第2頁。

9　馬克思給盧格的信以及表發在《德法年鑑》上的《論猶太人問題》和《黑格爾法哲學批判導言》這兩篇文章，至少探討了《經濟學哲學手稿》——《政治和政治經濟學批判》——的內容所包含的如下一些要點: 要求無情地批判現在的世界是建立新世界的最重要的前提之一; 號召對政治進行批判，號召在政治上採取一定的黨性立場，從而把理論同現實鬥爭生動地結合起來; 揭示了資產階級社會中貨幣拜物教的本性，揭示了貨幣的本質即同人相異化的、人的勞動和人的存在的本質; 提出了資本主義條件下同自身和同自然界相異化的問題; 對卡貝、德薩米、魏特林等人所鼓吹的那種空想的（「當時的」）共產主義形式作了批判的評論; 強調消滅資本主義私有制是徹底的社會革命（「全人類的解放」）的主要目的和內容; 扼要論述了無產階級作爲負有消滅私有制的使命的、定將成爲對社會進行革命改造的

「心臟」即基本動力的階級，將隨著資本主義的發展而形成和提高。——第2頁。

10　路·費爾巴哈《未來哲學原理》1843年蘇黎世和溫特圖爾版。

路·費爾巴哈的《關於哲學改革的臨時綱要》一文刊載在《現代德國哲學和政論軼文集》第2卷上。這個兩卷本的文集，除了其他作者的著作以外，還收入了馬克思的《評論魯士最近的書報檢查令》一文。在這個文集上發表的《路德是施特勞斯和費爾巴哈的仲裁人》一文，不久前一直認爲是馬克思寫的，實際上却是路·費爾巴哈寫的。——第2頁。

11　這裡馬克思指的是費爾巴哈的整個唯物主義觀點。費爾巴哈自己把這種觀點稱爲「自然主義」和「人道主義」或「人本學」。它發揮了這樣一個思想：新哲學即費爾巴哈的哲學，使人這一自然界的不可分離的部分，成爲自己的唯一的和最高的對象。費爾巴哈認爲，這樣的哲學即人本學包含著生理學，並將成爲全面的科學；他斷言，新時代的本質是把現實的、物質地存在著的東西神化；新哲學的本質則在於否定神學，確立唯物主義、經驗主義、現實主義、人道主義。——第2頁

12　馬克思的這個想法在他寫了這篇《序言》以後不久，就在他和恩格斯合寫的《神聖家族，或對批判的批判所做的批判》（見《馬克思恩格斯全集》第2卷）一書中實現了。——第4頁。

13　馬克思把第一手稿的各頁都分成並列的三欄，分別加上《工資》、《資本利潤》和《地租》這樣的標題。每一欄都有按上述題目寫的正文。但這樣分三部分的論述沒有貫徹到底，而到手稿的結尾實質上失去了任何意義。馬克思所加的三個標題相當於資產階級政治經濟學的三個範疇，而按照亞當·斯密的學說，這三個範疇則是當時資產階級社會的三個基本階級——工人階級、工業資產階級和土地所有者——的三種收入形式。——第5頁。

14　「普通人」（「*simple humanité*」）一詞引自亞當·斯密的主要著作《國民財富的性質和原因的研究》第1卷（第8章）。馬克思在這裡以及下面的所有引文都引自熱爾門·加爾涅所譯的、1802年在巴黎出版的法譯本。「普通人」一詞見該書第1卷第138頁。——第5頁。

15　引自斯密的著作第2卷（第1篇第11章）第162頁。——第7頁。

16　引自斯密的著作第1卷（第1篇第9章）第193頁。——第9頁。

17　複利是一種不僅按照本金，而且按照本金定期的增加量來連續計算的利

息。因此，本金是像幾何級數的項那樣增長的，例如：$2 \times 2 = 4 \times 2 = 8 \times 2 = 16$ 等等。——第 10 頁。

18　在第一手稿第VII頁上，同以前各頁不同，馬克思在所有的三欄裡都論述《工資》這個題目。在第VII頁上，論述了兩個題目：在左面的第一欄裡論述《工資》，而在右面第二欄裡論述《資本的利潤》。——第 10 頁。

19　威·舒耳茨《生產運動。爲國家和社會奠定新的科學基礎的歷史和統計方面的論文》1843 年蘇黎世和溫特圖爾版。——第 13 頁。

20　康·貝魁爾《社會經濟和政治經濟的新理論，或關於社會組織的探討》1842 年巴黎版。——第 15 頁。

21　查·勞頓《人口和生計問題的解決辦法》1842 年巴黎版。——第 15 頁。

22　歐·畢萊《論英法工人階級的貧困》1840 年巴黎版第 1 卷。——第 15 頁。

23　讓·巴·薩伊《論政治經濟學》1817 年巴黎第 3 版第 1 - 2 卷。——第 19 頁。

24　這一整段不是屬於亞當·斯密的，而是屬於《國富論》一書的法譯者熱爾門·加爾涅的。——第 20 頁。

25　馬克思在這裡轉述了亞當·斯密在他的主要著作《國富論》中講過的關於競爭具有良好作用的思想。斯密認爲，假如資本分散在二十個商人中間，那麼他們之間的競爭就會加劇，而這將給消費者和生產者都帶來直接的利益，因爲這時各個商人都不得不比整個部門由一兩個人壟斷時賣得賤些和買得貴些。按照斯密的意見，各個資本之間的競爭加劇，將促進勞動報酬的提高，而且不降低利潤。在對勞動力的需求日益增長和資本家之間進行競爭的條件下，資本家必然要破壞關於不得提高工資的「天然協議」。——第 24 頁

26　這一整段，包括引自李嘉圖的《政治經濟學和賦稅原理》一書和西斯蒙第的《政治經濟學新原理》一書的引文，是從歐·畢萊的《論英法工人階級的貧困》（1840 年巴黎版第 1 卷第 6 - 7 頁）中摘錄來的。——第 28 頁。

27　指斯密關於決定工作者的成敗和工資的大小的因素的議論。在這些因素中包括「成功的可能性或不可能性」。例如，斯密說道：「送子去學鞋匠，無疑他能學會製鞋技術；但是送他去學法律，那麼精通法律並靠這個職業過活的可能性至少是二十對一。就完全公平的彩票說，中彩者應得到落彩者所失的全部。就成功者一人而不成功者二十人的職業說，這成功的一人應得到不成功者二十人應得而未得的全部。」——第 31 頁。

28　馬克思在這裡引用的是亞當·斯密的這樣一個論點：居民對某種大衆消費

品如馬鈴薯的需求的增長，這種產品的消費者人數的增加，即使這種產品
是從中等土地上收獲的，也將使租地農場主在補償基本開支和維持勞動力
的開支以後仍有巨額盈餘。而這種盈餘的一大部分則將歸於土地所有者。
因此得出結論說：隨著人口數目的增長，地租也將提高。——第 37 頁。

29　馬克思在這裡表述的是從所謂現代國民經濟學的代表（首先是李嘉圖）的
全部議論得出的關於土地所有者（他根據作為基本資料的土地的所有權，
可以不勞動而獲得地租）和農產品生產者（即在資本主義的工場手工業時
代和工廠生產初期是占英國大部分人口的租地農場主）之間的關係的結
論。至於亞當·斯密，則追隨重農學派，還證明土地所有者的利益和社會
的利益的所謂一致性。——第 65 頁。

30　這句話很可能說的是西斯蒙第的那種把宗法制私有地產關係理想化的小
資產階級觀點。——第 41 頁。

31　「買賣」這個術語的原文是個難譯的詞：「Verschacherung」。當時的社會
批判性著作，按照傅立葉的傳統，把私人商業和一切市場交易一概蔑視為
卑鄙醜惡的勾當。在這裡以及在《經濟學哲學手稿》的其他地方，可以看
出馬克思的先驅者在論述商業方面對馬克思的某種至少是術語上的影響
（見注 78）。——第 41 頁。

32　這個結論在當時的社會批判性著作中相當流行。例如，魏特林在他的《和
諧與自由的保證》一書中就曾寫道：「正像在築堤時要產生土坑一樣，在積
累財富時也要產生貧窮。」——第 48 頁。

33　馬克思在本手稿中往往並列使用兩個術語「Entfremdung」（異化）和
「Entäußerung」（外化）來表示異化這一概念。但是有時把「Entäu-
ßerung」這個術語用於另一種意義，例如，用於表示交換活動、從一種狀
態向另一種狀態轉化、獲得，也就是說，用於表示那些並不意味著敵對性
和異己性的關係的經濟和社會現象。除了「Entfremdung」這個術語外，
馬克思還使用「Selbstentfremdung」（直譯是「自我異化」）這個術語。他
用這個術語來表示：工人在資本主義基礎上的活動、勞動是回過來反對工
人自己的、不以工人為轉移的和不屬於工人的活動。——第 49 頁。

34　馬克思在這裡以改造過的形式轉述了費爾巴哈哲學把宗教看作人的本質
的異化這樣一個論點。費爾巴哈在他的《基督教的本質》這一著作中曾經
證明，因為在神的本質的觀點中肯定的東西僅僅是人的東西，所以作為意
識對象的人的觀點就只能是否定的。費爾巴哈說，為了使上帝富有，人就

必須貧窮；爲了使上帝成爲一切，人就必須成爲烏有。人在自身中否定了他在上帝身上加以肯定的東西。——第49頁。

35　這裡所表述的思想是跟費爾巴哈的論點呼應的。費爾巴哈認爲宗教和唯心主義哲學是人的存在及其精神活動的異化。費爾巴哈寫道，上帝作爲對人說來某種至高的、非人的東西，是理性的客觀本質；上帝和宗教就是幻想的客觀本質。他還寫道，黑格爾邏輯學的本質是主體的活動，是主體的被竊走的思維，而絕對哲學則使人自身的本質、人的活動在人那裡異化。——第52頁。

36　馬克思在本段和下一段利用了費爾巴哈的術語，並且創造性地吸取了他的思想：人把他的「類本質」、他的社會性異化在宗教中；宗教以人同動物的本質區別爲基礎，以意識爲基礎，而意識嚴格說來只是在存在物的類成爲存在物的對象、本質的地方才存在；人不像動物那樣是片面的存在物，而是普遍的、無限的存在物。——第53頁。

37　類、類生活、類本質——都是費爾巴哈的術語，表示人的概念、眞正人的生活的概念。眞正人的生活以友誼和善良的關係，即以愛爲前提，這些都是類的自我感覺或關於個人屬於人群這種能動意識。費爾巴哈認爲，類本質使每個具體的個人能夠在無限多的不同個人中實現自己。費爾巴哈也承認人們之間眞實存在著利益的相互敵對和對立關係，但是他認爲這種關係不是來自階級社會的歷史的現實條件，即資產階級社會的經濟生活條件，而是來自人的眞正的即類的本質同人相異化，來自人的人爲的、絕非不可避免的同被大自然本身預先決定了的和諧的類生活相脫離。——第54頁。

38　這裡講的是馬克思在批判浦魯東的名著《什麼是財產?》中所論述的資本主義關係基礎上的「平等」觀念所持的基本論點。浦魯東的空想的、改良主義的、小資產階級的藥方規定，私有財產要由「公有財產」代替，而這種「公有財產」將以平等的小占有的形式，在「平等」交換產品的條件下掌握在直接生產者手中。這實際上指的是均分私有財產。浦魯東是這樣設想交換的「平等」的，即「聯合的工人」始終得到同等的工資，因爲在相互交換他們的產品時，即使產品實際上不同等，但每個人得到的仍然是相同的，而一個人的產品多於另一個人的產品的餘額將處於交換之外，不會成爲社會的財產，這樣就完全不會破壞工資的平等。馬克思說，在浦魯東的理論中，社會是作爲抽象的資本家出現的。他指出浦魯東沒有考慮到即使在小（「平等」）占有制度下也仍然起作用的商品生產的現實矛盾。不久後，

馬克思在《神聖家族》中表述了這樣一個結論：浦魯東在經濟異化範圍內克服經濟異化，也就是說，實際上根本沒有克服它。——第59頁。

39 馬克思的第二手稿的第XL頁是從這幾個字開始的。這句話的開頭，以及第二手稿的前三十九頁都沒有保存下來。——第63頁。

40 指1834年英國議會通過的新濟貧法。這個法律只允許一種救濟貧民的方式——把他們安置在採用監獄制度的習藝所中。濟貧法的主要目的之一就是爲企業主雇用勞動力創造最有利的條件。恩格斯在《英國工人階級狀況》這一著作中對濟貧法和根據濟貧法建立的習藝所作了詳細的評述（見《馬克思恩格斯全集》第2卷第576-583頁）。——第64頁。

41 馬克思所說的現代國民經濟學是指大·李嘉圖及其他追隨者其中包括詹姆斯·穆勒的學說，顯然，還指其他經濟學即李嘉圖的同時代人的學說。——第64、157頁。

42 這一節文字看來是對未保存下來的一頁的補充，正像下面一節可能是對第二手稿的第XXXIX頁的補充一樣。——第71頁。

43 「啓蒙國民經濟學」首先是同亞當·斯密的名字連在一起的。繼恩格斯之後，馬克思也把亞當·斯密稱爲國民經濟學的改革者、「路德」。馬克思正確地認爲，「啓蒙國民經濟學」在經濟思想的發展上是比貨幣主義和重商主義（兩種較早的經濟學說和相應的經濟政策形式）更高的階段。這兩種體系（更確切地說，是實質上同一個體系的兩個分支）的目標是追求貨幣順差（貨幣主義）或貿易順差（重商主義）。兩者都不外是爲了貨幣而積累貨幣；不惜任何代價來獲得貨幣，積存貨幣實際上被宣布爲最高目的和目的本身。重商主義者像偶像崇拜者和拜物教徒那樣對待貨幣這種財富的特殊形式，而用馬克思的話來說，這種財富的特殊形式「只能以外在是方法加以保存和確立」。同時，這兩種體系的信奉者不注意生產本身，不認爲生產的發展是社會財富的基礎。只有「啓蒙國民經濟學」才承認生產、勞動是自己的主要原則或基本原理。——第71頁。

44 見恩格斯的《國民經濟學批判大綱》（又譯《政治經濟學批判大綱》，見《馬克思恩格斯全集》第1卷第596-625頁。——第71頁。

45 黑格爾在他的《邏輯學》中把「對立」和「矛盾」這兩個概念作了區分。在對立中兩個方面的關係是這樣的：其中的每一個方面爲另一個方面所規定，因此都只是一個環節，但同時每一個方面也爲自身所規定，這就使它具有獨立性；相反，在矛盾中兩個方面的關係是這樣的：每一個方面都

在自己的獨立性中包含著另一個方面，因此兩個方面的獨立性都是被排斥了的。——第 76 頁。

46　沙利·傅立葉在他關於未來世界、所謂協作制度的空想中，違反經濟發展的現實趨向和政治經濟學的基本原理（他對政治經濟學抱著極端否定的態度，認爲它是一門錯誤的科學），斷言在「合理制度」的條件下，工業生產只能被當作農業的補充，當作在漫長的冬閑季節和傾盆大雨時期「避免情欲消沉的一種手段」。他還斷言，上帝和大自然本身確定，協作制度下的人只能爲工業勞動拿出四分之一的時間，工業勞動只是輔助性的、使農業多樣化的作業。——第 76 頁。

47　聖西門在《實業家問答》（1824 年巴黎版）這一著作中發揮了這些論點。——第 76 頁。

48　馬克思在這裡所說的「共產主義」是指法國的巴貝夫、卡貝、德薩米，英國的歐文和德國的魏特林所創立的空想主義的觀點體系。馬克思只是在《神聖家族》中才第一次用「共產主義」這個名詞來表示自己的觀點。——第 76 頁。

49　馬克思在這裡所說的共產主義的最初形式，大概首先是指 1789-1794 年法國資產階級革命影響下形成的巴貝夫及其擁護者關於「完全平等」的社會以及在排擠私人的經濟的「國民公社」的基礎上實現這種社會的空想主義觀點。雖然這種觀點也表現了當時無產階級的要求，但整個說來這種觀點還帶有原始的粗陋的平均主義的性質。——第 77 頁。

50　馬克思的這個說法可能是針對著盧梭的。盧梭及其信徒認爲沒有受過教育、文化和文明觸動的狀態對人來說才是自然的，而馬克思則認爲這種狀態是非自然的。盧梭在《論科學和藝術》、《論人間不平等的起源和原因》等著作中闡發了他的上述論點。——第 78 頁。

51　馬克思在這裡用費爾巴哈的術語來表述自己的辯證唯物主義的共產主義觀點，這種觀點提供了「歷史之謎的解答」，換句話說，也就是從建立在私有制上的社會的客觀矛盾的發展中得出共產主義必然性的結論。——第 79 頁。

52　指歐文對一切宗教的批判言論。用歐文的話來說，宗教給人以危險的和可悲的前提，在社會中培植人爲的敵對；歐文指出，宗教的偏狹性是達到普遍的和諧和快樂的直接障礙；歐文認爲任何宗教觀念都是極端謬誤的。——第 80 頁。

53 擁有（「Haben」）這個範疇見莫・赫斯的一些著作，特別是發表在《來自瑞士的二十一印張》文集的《行動的哲學》一文（見注 7）。——第 83 頁。

54 費爾巴哈把自己的認識論叫做心理學。看來這裡也是在這個意義上使用這個術語的。——第 86 頁。

55 地球構造學是十八和十九世紀對記載地質學的通稱。——第 89 頁。

56 馬克思把Generatio aequivoca這一用語當作法文génération spontanée的同義詞來使用，照字面直譯就是自然發生的意思。恩格斯在《自然辯證法》中也曾談到generatio aequivoca——生命通過自然發生而產生（見《馬克思恩格斯全集》第 20 卷第 640-641 頁）。——第 89 頁。

57 這裡是馬克思對穆勒的馬爾薩斯主義人口論觀點的批判（見本書第 7 -13 頁）。——第 97 頁。

58 引自德斯杜特・德・特拉西《思想的要素》第 4、5 部分《論意志及其作用》1826 年巴黎版第 68、78 頁。——第 105 頁。

59 引自亞當・斯密《國民財富的性質和原因的研究》，熱爾門・加爾涅的新譯本，1802 年巴黎版第 1 卷第 29-46 頁；第 2 卷第 191-195 頁。——第 105 頁。

60 引自薩伊的著作，第 1 卷第 300、76-77 頁和第 2 卷第 6、465 頁（見注 23）。——第 105 頁。

61 弗・斯卡爾貝克《社會財富的理論》1839 年巴黎第 2 版第 1 卷第 25-27、75、121-131 頁。——第 105 頁。

62 馬克思引自詹姆斯・穆勒《政治經濟學原理》，雅・德・帕里佐的法譯本，1823 年巴黎版第 7、11-12 頁。——第 106 頁。

63 指布・鮑威爾的三卷本著作《複類福音作者的福音史批判》。在宗教史著作中，把收入《新約》的前三部內容相近的福音書（《馬太福音》、《馬可福音》和《路加福音》）稱為複類福音。這三部福音書——複類福音——內容相似，這表現在它們叙述的順序是一致的，彼此互相抄襲，許多史料是共同的，用詞和術語也一樣。——第 117 頁。

64 布・鮑威爾 《基督教眞相》1843 年蘇黎世和溫特圖爾版。——第 117 頁。

65 布・鮑威爾《自由的正義事業和我自己的事業》1842 年蘇黎世和溫特圖爾版。——第 118 頁。

66 指青年黑格爾分子在《文學總滙報》上發表的言論。——第 118 頁。

67 馬克思在這裡轉述了費爾巴哈在他的《未來哲學原理》一書第 29-30 節中針

對黑格爾的批判性意見（見注 10）。——第 121 頁。

68 有關「意識的對象的克服」這八點說明幾乎是逐字逐句從黑格爾的《精神現象學》的最後一章摘錄下來的。——第 127 頁。

69 費爾巴哈稱自己的哲學觀點爲自然主義和人道主義，同時却總是廻避唯物主義這個術語。這顯然表明他不同意先前的英法兩國的唯物主義的某些原則，特別是不同意抽象性，不同意把感性視爲知識的基礎和唯一源泉的感覺論。馬克思在這裡說的是在費爾巴哈以前的唯物主義哲學形式；他也像費爾巴哈那樣對這些唯物主義哲學形式感到不滿，認爲不是舊唯物主義，也不是唯心主義，而是費爾巴哈的哲學——自然主義、人道主義——才能夠理解世界歷史的秘密。——第 128 頁。

70 馬克思所論述的關於人是直接的和能動的自然存在物的論點，基本上是以費爾巴哈反對宗教唯心主義和哲學唯心主義所闡發的原則爲依據的：把人看成自然界的特殊的、有意識的存在物；本質由外在對象的性質規定；任何存在物、任何本質必定具有對象的性質；在感性存在物之外的其他物是感性存在物的生存所必需的（如空氣供呼吸，水供飲用，光供照明，動植物產品供食用，等等）。——第 128 頁。

71 「受動的」（「Leidend Sein」）這個術語來自費爾巴哈。費爾巴哈和馬克思一樣，把這個術語解釋爲周圍環境、外部世界對人發生作用的表現形式和方式。費爾巴哈說，只有受動的和需要的存在物才是必然的存在物；沒有需要的存在是多餘的存在；只有受動的東西才值得存在。馬克思跟費爾巴哈不同，他對「受動的」這一經驗原則做了極其重要的加工和擴充，把社會實踐即人爲了掌握和改造外部世界而進行的有意識的和有目的的活動也包括進去了。——第 130 頁。

72 馬克思依據費爾巴哈並利用費爾巴哈的術語來批判黑格爾的論點。例如，費爾巴哈在他的《關於哲學改革的臨時綱要》中寫道：在黑格爾看來，思想就是存在、主詞，而存在同時又是賓詞；邏輯學是他所特有的那種形式的思維，是作爲無賓詞的主詞的思想，或者是同時兼爲主詞和賓詞的思想；黑格爾將客體僅僅想像爲能思維的思想的賓詞。「在自身內部的純粹的、不停息的旋轉」這個說法，看來是黑格爾《邏輯學》一書中的「全神貫注於自身的圓圈」、「圓圈的圓圈」等說法的代用詞。——第 137 頁。

73 引自喬·威·弗·黑格爾的《哲學全書綱要》，1830 年海得爾堡第 3 版。——第 142 頁。

74　詹姆斯·穆勒《政治經濟學原理》一書摘要顯然是卡·馬克思於 1844 年上半年根據帕里佐的法譯本（《政治經濟學原理》，雅·德·帕里佐譯自英文，1823 年巴黎版）作的。這個摘要是馬克思從 1843 年 10 月到 1845 年 1 月底在巴黎所作的九本經濟學札記中的第四本和第五本。在這次發表的文獻中，所有摘自穆勒著作的引文都放在引號內，而馬克思對所摘原文的自由闡述，則不論在馬克思本人的手稿中有沒有引號，一律不用引號。

與馬克思文稿中許多類似的材料（札記、摘要）不同，在這個文獻中，馬克思個人的議論占了相當大部分，這些議論按其內容來說與《1844 年經濟哲學手稿》相銜接，而且先於這個手稿（《馬克思恩格斯全集》國際版新版的編者認爲，這個文獻很可能後於《經濟學哲學手稿》。——編者）。方括號（俄文版編者加的）內的羅馬數字指的是馬克思的札記本（包括這次發表的摘要）的頁碼。引文中的著重號照例是由馬克思加的。——第 145 頁。

75　馬克思在外化的上帝和外化的人這些定義中，再現了費爾巴哈在《基督教的本質》一書中，特別是在第二章《宗教的一般本質》和第三章《作爲理智本質的上帝》中所表述的思想。——第 159 頁。

76　貨幣主義是重商主義的早期形式；它的擁護者認爲，所有財富都包含在貨幣中，包含在貴金屬的積累中，由此而禁止從國內出口金銀，力圖在別國少買多賣，並制定貨幣順差的政策（並見注 43）。——第 159 頁。

77　馬克思在這裡引的是以下著作：德斯杜特·德·特拉西《思想的要素》第 4、5 部分《論意志及其作用》。1826 年巴黎版第 68、78 頁；亞當·斯密《國民財富的性質和原因的研究》，熱爾門·加爾涅的新譯本，1802 年巴黎版第 1 卷第 46 頁。——第 164 頁。

78　這裡使用「Schacher」（直譯是做買賣）一詞而不用德語中通用的「Handel」一詞來表達貿易的意思，顯然，這在一定程度上反映了沙利·傅立葉對貿易所抱的極端否定的態度（見《馬克思恩格斯全集》第 42 卷第 321-355 頁），也反映了當時德國社會批判文獻的傳統，這種文獻千方百計地強調——其中包括使用一些具有明顯貶義的術語——自己對那種同「有組織的交換」相對立的、私有財產制度下的自發集市交換的譴責。——第 168 頁。

近代思想圖書館系列④

一八四四年經濟學哲學手稿

原　著—馬克思
譯　者—伊海宇
發行人—孫思照
出版者—時報文化出版企業股份有限公司
台北市108和平西路三段二四○號四F
發行專線—(○二)三○六六八四二
讀者免費服務專線—(○八○)二三一七○五
(如果您對本書品質與服務有任何不滿意的地方，請打這支電話。)
郵撥—○一○三八五四～○時報出版公司
信箱—台北郵政七九～九九信箱

主編—孟樊
責任編輯—李濰美
校對—蘇元澤・林敏郎
排版—正豐電腦排版有限公司
製版—源耕印刷有限公司
印刷—華展彩色印刷有限公司
定價—二○○元
初版五刷—一九九七年一月五日
初版一刷—一九九○年九月一日

ISBN 957-13-0188-4

Printed in Taiwan

國立中央圖書館出版品預行編目資料

```
+-----------------------------------------------------------+
|                                                           |
|    1844年經濟學哲學手稿 / 馬克思著 ；伊海宇譯               |
|    . -- 初版. -- 臺北市 ： 時報文化，民79                  |
|        面 ；  公分. --（近代思想圖書館系列 ；              |
| 4)                                                        |
|    譯自 ：Capital                                          |
|    ISBN 957-13-0188-4(平裝)                                |
|                                                           |
|                                                           |
|                                                           |
|    1. 馬克斯主義  2. 經濟－哲學,原理                        |
|                                                           |
|                                                           |
|    550.1861                      81002261                 |
|                                                           |
+-----------------------------------------------------------+
```